KB082485

나를 바꾼
단 **한 권**의
**마법**

## 나를 바꾼 단 한 권의 마법

**초판 1쇄** 2020년 11월 26일

**지은이** 정유진 | **펴낸이** 송영화 | **펴낸곳** 굿위즈덤 | **총괄** 임종익

**등록** 제 2020-000123호 | **주소** 서울시 마포구 양화로 133 서교타워 711호

**전화** 02) 322-7803 | **팩스** 02) 6007-1845 | **이메일** gwbooks@hanmail.net

© 정유진, 굿위즈덤 2020, *Printed in Korea.*

**ISBN** 979-11-972282-4-7 03190 | **값 15,000원**

독서로 성공과 행복의 인생 혁명을 이루다

# 나를 바꾼

정유진 지음

# 단 한 권의 마법

굿위즈덤

나는 어두운 터널을 걷는 기분이었다. 한 치 앞도 보이지 않는 곳에서 무작정 걷고 있었다. 매 순간이 불안한 연속이었다. 이렇게 살다가 허무하게 죽는 건 아닌가 하는 생각도 들었다. 매일 시달리는 대출금과 카드 값, 해결해도 다음 날이 걱정되는 상황들. 나는 하루하루 불안의 연속이었다. 빛이라곤 전혀 보이지 않았다. 그렇게 나는 부정적인 생각들로 나를 휘감고 있었다.

　나는 지난날에 온통 부정적인 여자였다. 긍정적으로 생각하고 싶어도 이면에 깊숙이 자리 잡은 부정적인 생각들을 떨쳐내지 못했다. 오히려 더 부정적으로 가고 있었다. 그러던 어느 날 나는 힘이 들고 지쳤다는 것을 알게 되었다. 가만히 생각해보면 내 의지로 하기보다는 다른 사람의 말을 듣고서 행동하고 살았다는 것을 알았다.

하지만 다 나쁜 것은 아니었다. 부모님의 권유로 얻은 간호조무사 자격증은 지금도 내 생활을 유지하는 데 잘 사용하고 있다. 학벌도 능력도 아무것도 없던 나는 그래도 전문직으로 일을 할 수 있으니 지금도 감사한 마음이 컸다. 하지만 어느 순간부터 이 직업도 내 미래를 확실하게 보장해줄 수 없다는 것을 점점 깨닫게 되었다.

나는 힘이 들었다. 그래서 어떻게 하면 더 나은 삶을 살아갈 수 있는지 고민하게 되었다. 그러던 중에 우연히 책 한 권을 읽으면서 달라질 수 있다는 것을 알았다. 변한다는 생각에 무작정 시도를 하기 시작했다. 실패도 많이 하고 그만두기를 반복하던 중 이렇게 살다가는 죽을 것 같다는 생각이 들었다. 그래서 마음을 고쳐먹고서 실행하게 된 것이다. 더 나은 삶을 위해서….

그렇게 아르바이트하면서 책을 읽고 부정적인 나와의 싸움을 본격적으로 시작한 것이다. 처음에는 쉬워 보였다. 그저 생각만 바꾸면 되는 줄 알았기 때문이다. 하지만 생각보다 힘이 들었고 버겁기까지 했다. 하지만 포기하고 싶지는 않았다. 이걸 이겨내야 비로소 온전한 나를 만난다는 것을 알기 때문이다.

나는 다른 작가님들처럼 책을 많이 읽은 것은 아니었다. 하지만 나는 꼭 많이 읽어야 한다고 생각하지 않는다. 책 한 권이라도 제대로 읽고 생각을 하고 실천하는 것도 충분히 자신을 달라지게 한다는 것을 깨달았기 때문이다. 나는 단 한 권을 시작으로 실천하고 계속해서 읽고 실천하기를 반복했다. 그러면서 책의 권수는 점점 늘어났고, 지금은 내가 필요할 때 책을 읽는다. 나는 처음부터 무작정 많이 읽는 것을 추천하지는 않는다. 달라진다고 마음먹었다면 자신이 좋아하는 책부터 시작해야 한다는 것을 알았기 때문이다.

나는 책을 읽으면서 놀라웠다. 단순히 부정적인 생각이 드는 것이 아니라, 나의 내면에 상처가 고스란히 자리 잡고 있어서 그 내면에 깊숙이 들어갈수록 상처가 많이 있다는 것을 알았다. 정말 놀라운 신세계였다. 그리고 그 상처를 바라봐야만 진정으로 내가 원하던 모습이 된다는 것도 알게 되었다. 처음에는 힘들 수 있지만, 시간이 지나면서 전과 다른 진정한 편안함과 행복을 알게 되었고 감사의 힘은 더욱 커져갔다. 당시에는 느낄 수 없고 알지도 못했지만, 시간이 지나면서 내가 원하는 것들이 사소한 것에서부터 큰 것까지 이루어져가고 있다는 것을 알게 되었다.

내 인생의 최고의 행운은 나의 멘토님을 만난 것이다. 인생에 스승님은 항상 있다. 나는 멘토님이신 김도사님을 만나 내가 하고자 하는 일을 찾게 되었고 그분의 피드백으로 의식이 더욱 성장할 수 있었다. 물론 성장하면서 힘든 부분은 있다. 그걸 극복해나가는 과정에서 나의 멘토님이신 김도사님의 도움이 가장 컸다. 나는 〈한국책쓰기1인창업코칭협회〉의 대표이자 세계 최고의 책 쓰기 권위자이신 책 쓰기의 기술을 전수받았다. 그리고 단순히 책을 쓰는 것이 아니라 나의 미래도 함께 알려주셨다. 나는 지금 당당하게 작가로서 또 다른 제2의 인생의 시작을 알렸다. 그리고 작가가 되었다.

나는 책을 쓰면서 내가 얼마나 행복한 시간을 보냈고 얼마나 감사한 일이 많았는지도 알게 되었다. 그리고 그때는 미처 알지 못했지만 얼마나 많은 좋은 사람들을 만났고, 얼마나 많이 도움받았는지를 알게 됐다. 사랑도 많이 받고 있었다는 것 또한 깨닫게 되는 소중한 시간이었다. 부정적인 생각으로 살면서 자신을 자학할 필요는 없다. 그저 자신의 상처가 많아서 그게 표출이 되는 것뿐이다. 책을 통한 인생의 교훈은 정말 크다. 그리고 값진 시간이다. 나는 이제 비로소 내 인생을 살아가는 순간을 맞이하고 있다.

목
차

## 이장 남의 시선에서 벗어나기

일

장

/

책을 읽으면서
내 인생은 달라졌다

01

# 책을 읽으면서 내 인생은 달라졌다

사람은 자기 인생을 좀 더 나은 삶으로 만들고자 할 때 노력을 한다. 공부를 하거나 취미활동으로 삶의 활기를 찾는다. 하지만 그건 현재 자신의 삶을 좀 더 영위하고자 하는 노력이지 인생을 바꾸려는 노력은 아니다. 그저 현실에 맞춰서 자신을 업그레이드할 뿐이다. 왜 그런 것일까? 생각을 해봤다. 그러다 문득 나 자신을 바라보게 되었다. 나는 인생을 통째로 바꾸기를 원하지만, 현실에 머물러 살고 있었다.

평상시처럼 병원에 근무하던 어느 날이었다. 근무하던 당시에 나는 야간 근무로 12시간을 일하고 있었다. 그때 문득 생각이 들었다. '나는 왜 이렇게 일을 하고 있는 거지?' 온종일 근무를 해야 받는 월급도 생각이 났다. 쓴웃음이 났다. 내가 이렇게 뼈 빠지게 벌어야 이 월급을 받을 수 있는 거구나! 야간 근무일 때는 낮에 자도 자는 게 아니었다. 오후 6시에 졸린 눈을 비비고 일어나서 출근 준비를 하고, 출근해서 야간 진료와 낮에 외래에서 일해야 할 준비도 같이해야 했다. 그리고 12시간을 꼬박 일하고 피곤한 몸을 이끌고 집으로 와야 했고, 씻고 TV를 조금 보다가 금세 잠이 들었다. 생활 방식을 보니 너무도 웃겼다. 내 시간은 도대체 언제 있는 거야?

답답함이 왔다. 이 직업으로 일할 수 있는 시간은 정해져 있고, 만일 편하게 근무를 하고 싶으면 월급은 터무니없이 적기 때문이다. 이렇게 살라고 지내는 인생이 아닌데…. 내가 원한 삶은 이런 게 아닌데 길은 없는 건가 생각했을 때 뜻밖에 책을 보게 되었다. 그리고 거기에 나오는 여자주인공을 보았다. 마침 할 일도 다 끝나고 한가한 시간이라서 봤는데 처음에 여자는 초라해 보였다. 그러나 중간을 봤을 때 같은 여자인가 싶을 정도로 변화되어 있었고, 마지막 페이지를 봤을 때는 자신이 원하는 인생으로 바뀌어 있었다.

나는 궁금해졌다. 나는 웹으로 『2억 빚을 진 내게 우주님이 가르쳐준 말버릇 : 만화 히로미 편』(저자 고이케 히로시, 나무생각)을 보았다. 제목도 재미있고, 그냥 단순한 만화인 줄 알았는데 아니었다. 부정적인 여자가 긍정적으로 우주님이 하는 대로 따라 했더니 멋지게 바뀌는 자기계발 소설이었다. 나는 궁금해서 처음부터 계속해서 읽어보았다. 그리고 신세계였다. 이렇게 바뀔 수가 있다니…. 믿기지도 않았고, 의심이 갔다. 하지만 실제로 있는 일이고 가능하다면 나도 바뀌지 않을까 생각했다. 순간적으로 내가 히로미가 된 모습을 상상해보았다. 너무도 기분이 좋았다. 마치 내가 소설에 나오는 히로미가 된 것 같은 기분이었다. 그리고 히로미가 나하고 굉장히 비슷한 점이 많았다는 것도 알게 되었다. 빚이 있는 상황, 자존감은 바닥에 매사가 부정적인 히로미가 꼭 나를 보는 것 같았다.

순간의 끌림이 있어서 그런 걸까? 나는 그 책을 보고 결심하게 되었다. 나도 긍정적으로 바뀌어서 히로미처럼 인생 역전을 하는 멋진 여자가 되기로. 그렇게 마음을 먹고 휴대전화를 계속 보면서 읽었다. 그러다 문득 이렇게 볼 것이 아니라 그냥 책을 사서 보자 결심한 후에 고민 없이 새벽에 처음으로 이끌리는 책을 샀다.

내 인생을 긍정적으로 바꾸고자 결심한 뒤에 구매했고, 매일 이 책을 읽으면서 시작했다. 만일 내가 읽고서 그냥 넘겼다면 실천을 하지도 않았고, 나는 여전히 같은 자리에 머물러 직장을 알아보면서 하루를 보내고 미래에 대한 불안감으로 살고 있을지도 모른다. 나에게는 참 고마운 책이다. 이 책을 만나지 않았다면 나는 여전히 긍정으로 살아가야 할 이유도 모르고 지금 이렇게 살고 있지도 않았을 것이기 때문이다.

부정적인 생각을 바꿔 긍정적으로 살아간다는 생각을 하면 처음에는 굉장히 쉬워 보인다. 단순히 '안 좋은 생각을 좋은 생각으로 바꾸면서 살면 되지.' 이런 생각으로 너무도 쉽게 도전을 한다. 하지만 막상 실천하면 자신의 예상과는 다르게 힘이 든다는 걸 알게 된다. 평상시에 생각하고 살던 패턴을 갑자기 긍정적으로 바꾼다는 건 여간 힘든 일이 아니기 때문이다. 긍정적으로 생각을 하다가도 갑자기 무언가 터지면 부정적인 생각이 나오기 때문이다.

나는 처음에 책에서 나오는 대로 무작정 시작을 했다. 바뀌고자 하는 마음에 계속했고, 여자 주인공처럼 나 자신에게 느끼는 감정이 금방 올 줄 알았다. 하지만 생각보다 금방 오지 않았다. 그래서 이상했다. 왜 이럴까? 나는 왜 아무런 느낌이 없지? 책을 봤다. 사람마다 부정적으로 말을 하고 살았는지에 따라 그 기간은 다르다고 했다. 그래서 워낙에 부정적으로 살아서 그런가 보다 하고 계속 따라 했다. 하지만 너무 힘들었다. 거기서 나오는 것처럼 안 좋은 상황이 온다고 하더니 정말 그런 상황들이 왔다. 나는 너무 힘이 들어 멈추었다.

그렇게 그만두고서 원래의 나의 생활로 다시 돌아왔다. 처음에는 편해서 '그래, 이게 내 인생이지.'라고 생각을 했다. 하지만 나는 다시 긍정으로 바꾸겠다고 결심했다. 그리고 이를 악물고서 책을 보고 따라 했다. 부정적인 생각이 계속 들고 잡생각이 들어도 계속 따라 했다. 인생이 달라지고 바뀌어 원하는 삶을 사는 나로 살기 위해서였다.

정말 많은 감정이 왔다 갔다 했다. 남자친구에게 보이던 의심과 집착도 보였고, 사람을 의심하던 습관도 보였고, 툭 하면 화가 나서 화를 내는 모습, 일상이 짜증이 났던 습관들 다 그대로였다. 그런 모습을 볼 때마다 너무 속상하고 화가 났다. 왜 이렇게 살았을까? 왜 나는 즐겁게 살지 못하고 이런 감정들만 가득 안고 살았을까? 정말 속상하면서도 한숨이 나왔다. 이래서 언제 긍정적으로 바뀌고 삶을 바꾸지? 조바심도 났다. 하지만 그럴수록 나는 책을 읽었다. 그리고 실천하기를 반복했다. 그러다 보니 처음으로 따뜻한 감정을 느꼈다. 여태껏 살면서 처음 느끼는 기분이었고 희망이 보였다. 나도 바꿀 수 있고 달라질 수 있다고 마음을 굳게 먹었고 그렇게 나와의 싸움이 시작되었다.

처음에는 단순한 말 한마디에서 시작했지만, 시간이 지나면서 나는 책과 유튜브를 보면서 다양하게 시도를 하게 되었다. 단순히 부정적인 생각을 바꾼다고 시작했지만, 인생을 바꾸기로 한 이상 내가 할 수 있는 일을 찾아야 했다. 하지만 내가 과연 할 수 있는 일이 무엇이 있을까 생각을 해봐도 나오질 않았다. 오로지 그림만 생각이 났다. 지금 시작하기에는 처음부터 다시 시작해서 해야 했기에 막막했다. 포기한 꿈만 계속해서 떠오르는 것이었다. 하지만 그림은 나이 먹어서도 취미로라도 할 수 있다고 나를 위로하면서 나만의 일을 찾을 거라고 다독였다. 그리고 생각지도 않은 곳에서 찾을 수 있었다.

내가 할 수 있는 일을 찾았고, 나는 너무도 기뻤다. 그리고 희망으로 부풀었다. 내가 꿈꾸던 모든 순간을 현실로 이룰 수 있다는 강한 느낌이 들었기 때문이다. 어느 순간부터 부정적인 생각보다 긍정적인 생각이 더 일상으로 들어왔고, 나의 삶은 점점 활기로 가득 찼고, 같은 시간이라도 좀 더 효율적으로 활용하기 위해 고민을 하고 다른 삶을 살게 된 것이다.

나는 처음에는 끝이 없는 긴 터널을 걷는 기분이었다. 깜깜하고 어두운 터널에서 아무것도 못 느끼고 터벅터벅 걸어가는 나를 종종 생각했다. 언제 이 기분에서 벗어날까? 언제쯤 나는 일상이 행복해질까? 나는 언제 이 기분에서 벗어나게 될까? 이런 생각들로 가득 찼다. 그리고 이 생각들이 나를 더 힘들게 하는 것을 알았다. 그래서 생각들을 멈추려고 노력하면서 앞으로 걸었다. 그리고 서서히 내가 원하는 곳으로 가게 된 것이다.

나는 그동안 판타지 로맨스 소설을 주로 많이 읽었다. 자기계발 책을 읽는다는 건 생각을 못 했다. 왜냐하면 어렵다고 느꼈기 때문이다. 나와 동떨어진 삶을 사는 것 같았고, 모든 것이 다르게 느껴졌다. 그리고 책이 어려웠다. 그래서 읽다가 말고 그렇게 반복하기를 여러 번, 결국 포기하기도 했다. 하지만 정말 간절함은 통한다고 했다. 나는 의외로 읽기 쉽고 이해하기 쉬운 책도 있다는 걸 알았다. 마침내 나는 책을 미친 듯이 읽고 실천했고, 지금에까지 이르렀다.

책을 읽고 인생이 바뀐 사람이 있다는 걸 종종 기사로 봤다. 그런 사람들은 나하고 거리가 먼 사람들이라고 생각했다. 평범하다지만 무언가 특별한 것이 있다고 믿었다. 하지만 그건 나의 부정적인 시선으로 본 좁은 견해였다. 사람은 마음만 먹으면 누구든지 바뀔 수가 있었다. 나는 책을 읽으면서 점점 전과는 다른 인생을 살고 있다. 인생이 달라지고 싶다면 지금 당장 서점이든 인터넷 서점이든 책 한 권을 사서 읽어보길 권한다.

## 책 속에 길이 있다

책에는 다양한 지식이 담겨 있다. 예전에는 사람들이 무언가를 찾고자 한다면 책을 통해서 봤지만, 요즘은 인터넷이 발달되어서 주로 인터넷으로 찾곤 한다. 그만큼 책은 멀어지는 것이다. 하지만 책을 읽다 보면 새로운 느낌을 받기도 하고 상상도 하곤 한다. 요즘 유행하는 e-book을 즐겨보기도 하지만 책장을 넘기는 책의 매력도 상당하다. 나는 책으로 직접 읽는 독서를 권한다. 계속해서 책장을 넘기면서 보다 보면 그동안 내가 알지 못했던 깨달음을 얻기 때문이다.

나는 책을 읽으면서 무작정 따라 하기도 하고 생각을 하면서 따라 하기도 여러 번 반복했다. 핸드폰으로 따로 받아서 볼까 하는 생각도 했지만 처음 내가 읽었던 책을 통해서 느낀 것이 있어서 핸드폰으로 보는 방법은 바로 포기했다. 매일 들고 다니면서 읽은 것은 아니지만 적어도 집에서는 매일 달고 살았고, 가급적이면 집에 있는 시간을 즐겼다. 그래야 효율적으로 긍정적으로 보내는 시간을 즐겁게 보낼 수 있기 때문이다.

처음에는 누구나 다 마찬가지로 답답하면서 짜증이 난다. 아무것도 느끼지 못하고 그저 책이 하라는 대로 따라만 하기에 내가 지금 잘하고 있는 건지 의심이 들기도 했다. 그럴 때일수록 더욱 굳건히 마음을 먹고 따라 했다. 그렇게 시간이 지나면서 서서히 알 수 있었다. 내가 원하던 상태의 기분을, 느끼고 싶어 했던 감정을 알 수 있었고, 왜 이런 사랑을 원했는지 하나둘씩 알 때마다 나는 더욱더 책을 읽었다.

책은 참 신기하면서도 재미가 있었다. 내가 찾고자 하는 답을 찾으려고 하면 알지 못했고, 그냥 아무 생각 없이 읽으면 내가 찾고자 하는 답이 나왔기 때문이다.

그렇게 나는 책에 점점 매료되어서 읽었다. 처음부터 읽기 어려워서 제대로 못 읽던 나는 어느샌가 처음부터 다 읽고 정독하는 여유가 생겼고, 내가 궁금한 것은 찾고 그렇게 독서에 취미가 붙게 된 것이다. TV를 보면서 생활하던 나는 어느 순간부터 TV를 멀리하고 책을 보는 습관이 붙고 자연스레 취미는 독서가 되었다. 나는 점점 책에 푹 빠져들었다.

나는 점점 일상이 즐거워지기 시작했다. 책을 통한 즐거움이 생각보다 컸기 때문이다. 그리고 같은 책을 여러 번 보면 질리기도 하겠지만 나는 오히려 반대로 더 빠져들었다. 그 책에서 나오는 내용으로 여러 가지를 내 상황에 맞춰서 따라 해보는 재미가 있었기 때문이다. 하지만 그렇다고 내 생활이 확 바뀌는 상황은 아니었다. 정말 그 책에 나오는 주인공처럼 내가 하고 싶은 일을 찾아서 하는 것도 아니기 때문이다.

나는 책을 읽으면서 하나의 공통점을 발견하게 되었다. 처음에는 자신이 어떤 일을 하고 싶은지 명확한 꿈이 없었다. 하지만 긍정적으로 살아가면서 자신에게 주어진 일을 찾았고 실천했고 결국 이루었다는 것이었다. 그건 나에게도 맞는 일이 있다는 것이었다. 나는 책에서 주어진 힌트를 찾을 수 있었다. 나는 자신감이 붙었다. 나를 위해 존재하는 일을 찾아서 즐겁게 잘할 수 있는 일을 할 것이라고 확신했다.

나는 방황을 멈추기 위해서 책을 읽었다. 무의미한 삶을 더는 살고 싶지 않았기 때문이다. 잠시 방황을 하려고 하다가도 문득 눈에 책이 들어왔다. 그때마다 책을 보면서 지친 내 마음을 잡을 수 있었고, 같은 내용인데도 다르게 느껴지기도 하고 막상 따라 하려고 하면 불안을 느낄 때도 있었다. 그럴 때도 항상 책을 봤다. 거기서 내가 불안한 이유를 설명을 해주기 때문이다. 그렇게 나에게 책은 인생의 친구로 다가왔다.

사람이 무언가를 집중해서 열심히 하려고 한다면 꼭 막히곤 할 때가 있다. 그럴 때 어떻게 생각하고 대처하는지가 중요하다고 생각한다. 대부분 거기에 맞는 답을 찾기 위해서 거기에 맞는 책을 보거나 혹은 인터넷으로 검색을 해서 찾아보게 된다. 자신이 무언가 이루고자 할 때, 집중해서 행할 때 중간에 답답하거나 그런다면 거기서 고비가 찾아온다. 그럴 때 어떻게 대처를 하는지에 따라서 더 발전하거나 아니면 멈춰서 제자리이거나 결정이 난다.

나도 긍정적으로 다가갈 때 멈출 때가 많았다. 잘 극복하고 발전하는 것 같아도 멈추는 일이 많았다. 정말 정체기는 사람을 환장하게 한다. 정말 때려치고 싶다. 여러 번 나를 시험에 들게 한다. 때려칠까? 그러다가도 지금까지 한 것이 아깝기도 하고 예전으로 돌아가고 싶은 마음도 없었다. 정확히 돌아가고 싶지 않았다. 그래서 나는 이를 악물고 하는 날이 더 많았다. 어쩔 때는 오기로 하기도 하고 어쩔 때는 부정적인 느낌이 싫어서 더 악착같이 한 것 같았다. 힘이 들 때마다 나의 유일한 친구이자 버팀목은 책이었다.

너무 힘이 들어서 멈추고 실천도 안 하고, 책도 안 보는 날도 많았다. 그러다가도 숙제 안 한 것처럼 찜찜하기도 했지만 회피하고 싶었다. 그렇게 복잡한 감정으로 지내고 있을 때도 많았다. 그렇게 멍하게 며칠을 보내다가 자연스레 책을 봤다. 그러다 푹 빠지고 다시 결심을 하고 와닿는 부분은 다시 읽어보고 반복했다.

그렇게 시간을 보내면서 나는 나도 모르는 사이에 책이랑 가까이 지냈다. 살면서 어렸을 때 빼고는 이렇게 책과 가까이 지낸다고 생각을 못 했다. 하지만 바뀐다고 생각을 하고 책을 읽으면서 점점 빠져들었고, 궁금하거나 이해가 안 되는 것은 넘기고 다른 걸 읽다가 시간이 조금 지나면 이해가 되었다. 그래서 더 파고들었다. 그렇게 어느새 책은 내 인생에 첫 번째 멘토가 된 것이다. 그리고 나는 책을 소중히 여겼다.

하지만 한계는 오는 법. 책으로는 이해가 되지만 막상 실천을 하면 잘 안 되는 경우가 많았다. 그러면 다시 생각하고 실천하고 또 막히면 다시 생각하고 실천하고 그래도 막히면 책을 읽고서 다시 실천하길 여러 번이었다. 처음에는 익숙하지 않아서 여러번 잊어버리는 경우가 많았다. 하루를 건너뛰기도 여러 번 있었다. 그럴 때마다 자책도 많이 했다. 달라진다고 결심했다면 계속해야지 왜 잊어버리냐고. 그렇게 나의 부정적인 습관은 여전히 남아 있었다. 그러다가 문득 '이게 오래된 부정적인 습관이

구나!'라는 걸 발견하고 기뻐했다. 그 생각에서 긍정적으로 생각을 하려고 노력할 수 있기 때문이다.

책을 읽으면 새로운 것을 깨닫고 신선함에 재미를 두었다. 그중 하나가 바로 말버릇이었다. 나는 말버릇이 중요하다는 걸 처음 읽은 책에서 알게 되었다. 그리고 내 말버릇도 다시 보게 되었다. 무심결에 나오는 말버릇, 그것은 무의식에 각인된 말버릇인 것이다. 처음에는 '없다'는 말을 많이 했다는 걸 알 수가 있었다. 그리고 '안 돼' 이 두 가지를 정말 많이 한다는 걸 새삼스레 느끼면서 많은 감정이 오갔다. 그래서 생각이 났다. '아~, 그래서 내가 주인공과 비슷하다고, 어쩌면 같다고 생각을 했구나.'라는 생각이 들었다. 그렇게 나는 더욱 책에 푹 빠지고 주인공의 말버릇이 점점 바뀌는 것을 보았다. 그리고 나한테 적용을 하고 읽고 반복하기를 여러 번. 그러면서 서서히 달라질 수 있었다.

나는 고비를 맞이할 때마다 처음에는 포기하고 싶었다. 정말 포기한 적도 있었다. 포기하기를 길다면 길고 짧다고 하면 짧은 3개월 동안 다시 일상 생활에서 지내기도 했고, 그 후로 바뀐다고 마음을 먹고 하다말고 하기를 6개월. 그러다 작정하고 다시 시작해서 지금까지 이어오고 있다. 나는 계속해서 도전을 했고, 실패도 여러 번 했지만 그래도 책을 계속 읽었다.

나는 포기만 안 하면 뭐든지 가능하다고 생각한다. 막히는 순간에도 나는 책을 읽었고, 술술 잘 풀릴때도 역시 책을 읽었다. 같은 구절이라도 내가 어떤 상황이냐에 따라 나에게 와닿기도 했고, 아니면 그냥 읽혀지기도 했다. 한 구절이 눈에 들어오면 나는 자연스럽게 생각을 했고, 그러면서 서서히 달라질 수 있었다.

　나는 소설보다는 자기계발 소설을 읽기를 권한다. 나 역시 소설을 재미나게 읽고 좋아했던 사람들 중 하나이다. 하지만 소설은 그 소설의 상상의 세계에 나를 초대하지만, 실제 생활에서 나를 바꿔준 것은 하나도 없었다. 그저 대리만족에 그칠 뿐이었다. 하지만 자기계발 소설은 처음에는 어렵게 느껴질지 모르지만 읽으면서 생각을 하고 생활에 적용하고 그러기를 반복하면, 어느 순간 내 생각과 행동들, 말이 점점 달라진다는 걸 느꼈다. 성공자들은 책을 달고 산다. 거기서 힌트를 얻고 실천을 하고 그리고 성공으로 이끈다. 그렇게 하는 이유는 책 속에 길이 있기 때문이다. 삶의 질을 조금이라도 높이고자 한다면 지금부터 책을 읽기를 권한다.

03

# 누구나 재능은 있다

　흔히 자신이 무능력하다고 느낄 때 사람들이 자주 위로해주는 말들이 있다. "괜찮아! 자신이 잘하는 일이 있어!" "괜찮아! 분명히 잘할 거야!" 이런 말을 들으면 힘이 나기도 하고 더 우울해지기도 한다. 왜 그런 것일까? 자신이 한없이 무능력하고 작다고 생각하기 때문이다. 그래서 힘이 나다가도 막상 현실과 맞닿으면 자신의 생각과는 다가오기 때문에 자신이 무능력하고 한없이 작아 보인다.

　하지만 그럴 때 자책하기만 하기보다는 자신을 격려하고 위로해주고 응원해준다면 어떨까 생각을 해본다.

나는 내가 정말 무능력한 사람인 줄 알았다. 하는 일마다 사고뭉치였고, 나름 열심히 한다고 해도 상대방의 성에 차지 않았기 때문이다. 나는 처음이라서 당연히 서툴렀고, 실수가 많았다. 하지만 상대는 내가 경력자처럼 잘할 거라고 생각했기 때문에 나를 성에 차지 않아 하는 것이다. 과연 누가 잘못한 것일까? 처음에는 상대방이 잘못한 거라고 주장을 했다. 하지만 지금 생각해보면 각자의 입장에서 다른 시선이었기에 당연히 충돌이 있고, 그걸 이해하기보다는 상대방만 탓하면서 지낸 것이다.

나는 내가 무능력한 줄 알았다. 그래서 자신감이 없었고, 내 주장을 제대로 말을 할 줄 몰랐다. 내가 갓 20살이 됐을 당시였다. 나는 어머니의 소개로 직원을 구한다는 가게를 알게 되었고 입사하게 되었다. 사장님은 내가 하는 말이 마음에 들었는지 흔쾌히 좋다고 말해주셨고 취직을 할 수 있게 되었다. 그리고 친구를 구한다는 말에 가장 친한 친구와 같이 취업해서 일을 하게 되었다. 나는 부푼 마음을 가지고 최선을 다해서 일을 했다. 하지만 안 맞는 사람과는 정말 맞지 않다는 걸 사회에서도 뼈저리게 느끼게 되었다. 그때 나와 나이 차이가 많이 나지 않는 직원이 있었다. 처음에는 잘 맞아서 친해졌고 같이 일하는 게 즐거웠다. 하지만 어느 순간부터 삐걱거리기 시작했고, 사이는 점점 멀어져갔다.

처음에는 제일 편했던 사람이 어느샌가 제일 불편한 사람이 된 것이다. 그리고 내가 억울했던 일화가 있었다. 여자는 한 달에 한 번 생리로 고생을 하는 사람이 있다. 내가 거기에 속해 있었다. 한번은 배가 너무 아팠다. 그래서 끙끙거리니 사장님이 2층에 가서 1시간만 쉬다가 오라며 배려해주셨다. 나는 너무 고마웠다.

그래서 2층으로 올라가서 잠시 쉬는데 배가 너무 아파서 같은 자세로 있기가 힘들었다. 자세를 여러 번 바꾸다가 그나마 배가 편한 자세로 쉬고 있었다. 너무 아파서일까? 나는 잠시 눈만 감고 있었다. 그때 그 직원이 올라왔다. 그리고 한숨을 쉬고서 내려갔다. 나는 왜 그런가 했다. 그러고 잠시 후 친구가 올라왔고 나보고 내려오라고 했다. '왜 그러지?' 하는 생각으로 내려갔는데 대뜸 나에게 화를 내는 것이다. 나는 당황을 했다. 내가 뭐라고 말하기도 전에 이유를 들어보니 참 기가 막혔다. 내가 편하게 자고 있었다는 것이다. 나는 너무 기가 차서 말이 안 나왔다. 그렇게 나는 농땡이 치는 직원이 된 것이다. 나는 거기서 아무 말도 할 수가 없었다. 억울해서 말을 하려고 했지만, 그 말과 동시에 상황이 끝이 나버렸기 때문이다.

지금 생각해보면 참 억울한 일이었다. 아파서 잠시 쉬는 것도 제대로 못 한다는 것도 억울했고 그리고 왜 그때는 가만히 참고만 있어야 했는지가 제일 억울했다. 하지만 그때를 떠올리면 내가 요령이 없던 것도 있었고 나는 제일 약자였다. 그러니 그렇게 당해도 할 말이 없던 것이다. 그리고 깨달았다. 알게 모르게 이런 기억들을 가지고 있는 채 시간만 지나면 쌓이고 쌓여서 자신을 정말 무능력한 사람으로 스스로 낙인찍는다는 것도 알게 된 것이다.

사람은 각자에게 주어진 능력이 반드시 있다. 어릴 때를 떠올리면 그때 잘하던 것들이 떠오를 것이고, 20대를 떠올리면 그때 또 잘하는 것들이 떠오를 것이다. 꼭 큰 것만 잘하는 건 아니다. 아주 사소한 거라도 떠올리게 된다면 잘하는 것은 분명히 있다. 하지만 사람들은 어릴 때 잘한 것은 그때는 어렸고, 20대를 떠올리면 그때는 20대였고, 이런 식으로 그때의 상태로 단정짓고 멈춰버린다. 왜 그런 것일까? 나도 그런 생각으로 지냈기 때문에 궁금하기도 했다. 그리고 생각을 했다. 그리고 알게 되었다. 나 스스로 능력을 한정 지어버렸다는 것을. 그때 나이에 따라 상황에 따라 스스로 한정 짓고 선을 그었기 때문에 그렇게 생각한 것이었다.

나는 내가 가장 좋아했고 가장 즐거워했던 기억을 떠올려보았다. 그리고 답은 간단히 나왔다. 그건 바로 그림이었다. 나는 어릴 때부터 그림 그리기를 아주 좋아했다. 아기 때는 만화를 보고 그림을 그리면 항상 불만이었다. 내가 생각한 그림이 아니었기 때문이다. 하지만 나는 그때 내가 아주 어린 꼬마아이라는 걸 생각하지 못했다. 당연히 자각하지 못했다. 그때 나는 성장이 시작되고 있는 꼬마였다. 그림도 당연히 서툴렀다. 나는 만화에 나오는 여주인공과 똑같이 그리길 원했다.

그때부터 시작된 것 같았다. 나는 만화를 보면 한글을 몰라서 읽지도 못하지만 그림만 보는 것으로도 좋았다. 매일 만화를 보면서 살았다. 내가 어릴 때는 주로 비디오로 봤다. 그래서 비디오 대여점에 가서 비디오 테이프를 빌려서 만화를 보곤 했다. 거기에 푹 빠져서 계속 보곤 했다. 내용은 기억이 안 나지만 제목과 캐릭터가 기억나는 만화도 있다. 그 정도로 만화를 너무 좋아하는 소녀였다.

중학교 2학년때는 나처럼 만화를 좋아하고 그리는 애들이 있었다. 그 애들과 금방 친해졌다. 그 애들은 만화를 정말 잘 그렸다. 각자의 개성대로 그림을 그리는 것이었다. 그때 우리는 만화가가 꿈이었다. 그래서 각자 만화를 그려서 돌려보고 서로 의견을 말해주곤 했다. 나는 부러웠다. 그렇게 그 아이들을 가만히 보다가 우연히 말을 하게 됐고 같은 꿈을 가졌기에 금방 친해졌다. 나에게 같이 만화를 그리자고 권했고, 나는 고민 끝에 용기를 내서 만화를 그려보기 시작했다. 그 아이들에 비하면 나는 정말 형편이 없었다. 하지만 즐거웠기에 계속 그렸고 나만의 만화를 펼치게 되었다.

그때는 학교에 가는 게 정말 즐거웠다. 같은 것을 꿈꾸고 공유한다는 게 얼마나 행복한 일인지 그때 처음 알게 된 것이다. 쉬는 시간이 즐거웠고 평상시에는 학교 가는 게 싫지만 그때는 학교 가는 날이 기다려지기까지 했다. 내 친구가 된 그 아이들은 동작 표정 얼굴 하나하나 알려줬고 나에게 조언을 해줬다. 나는 그 조언을 받아들였고 계속해서 수정을 하고 완성해서 보여주곤 했다.

우리는 만화 동아리처럼 만화가 모임을 작게 만들고 만화가가 된 기분으로 계속 각자 스토리를 짜고 하루에 각자 맞는 페이지를 갖추어서 그렸다. 하지만 그 시간은 영원히 지속되지 못했다. 우리는 다음 학년으로 올라가야 했고, 정해진 것처럼 멤버는 각자 다른 반으로 가게 됐고 우리는 흩어져서 각자의 생활을 하며 지내게 된 것이다.

지금 생각해보면 재미있으면서 웃기기도 하다. 그리고 한편으로는 궁금했다. 정말 그때 그 마음으로 성인이 되어서 계속해서 도전했더라면 어땠을까? 누군가는 멋진 만화가로 성공하지는 않았을까? 어쩌면 내가 그렇게 됐을지도 모르겠다는 생각도 종종 들곤 한다.

어릴 때 추억이었지만 이때는 그림에 대한 자신감은 넘쳤다. 하지만 점점 커가면서 내가 잘 그리는 부분이 있다는 걸 놓치고 못하는 부분만 생각하면서 지냈다.

자신이 즐거운 일을 하며 사는 사람 중에 의외로 사소한 데서 잘하는 걸 발견하거나 자신이 좋아하는 것을 일로 전향시키고 사는 사람들이 많다. 그 사람들도 처음부터 마냥 일을 잘했던 것도 아니고 지금 하는 일도 완벽하게 잘하는 것도 아니었다. 그저 자신이 좋아하는 일이니까 정말 잘하고 싶어서 노력을 해서 얻은 결과물이다. 나는 이런 글을 보거나 말을 들으면 그 사람이 부러우면서도 특별하다고 치부했다. 하지만 생각해보면 아니었다.

　나도 가만히 생각해보면 사람들과 말하는 걸 좋아했고 때로는 들어만 주기도 했다. 어느 순간 너무 이루지 못한 안타까움에 집착으로 그림에만 머물러 있던 것뿐이지 내가 잘하는 건 얼마든지 있었다. 그리고 지금은 생각지도 못한 그저 상상만 했던 작가의 길로 가고 있다. 자신이 잘하는 일은 잘 찾아보면 얼마든지 발견할 수 있다는 것이다. 누구나 재능은 있다. 다만 자신이 찾지 못하는 것뿐이다. 자신의 재능을 계속 찾다 보면 반드시 이루어진다.

04

독서의 꽃, 메모지

나는 독서를 하면서 그냥 읽을 때는 내용들을 다 알 것 같았다. 하지만 막상 책을 덮고 나서 실천하려고 하면 기억이 잘 나질 않았다. 그러다 보니 엉뚱하게 확언을 하고 그랬다. 그래서 다시 읽고 실천하기를 반복했고 그러다 왜 이렇게 잘 안 되는 것일까 의문이 들었다.

분명히 잘 읽을 때는 금방 이해했고 가능할 것 같은데 왜 책만 덮으면은 기억이 안 날까? 정말 신기했다. 내가 기억력이 약해서 그런 거라고 생각했다. 그리고 내가 머리가 안 좋은 거라고도 생각했다. 하지만 방법은 있다고 믿었다. 전처럼 나를 자학하는 것을 멈추기로 마음먹었기에 자학을 하다가도 '다 똑같아. 방법을 찾자!' 하며 나를 스스로 위로했다. 그러다 문득 눈에 들어오는 것이 있었다. 그건 바로 포스트잇이었다.

나는 의외로 사람들이 기억을 잘 못한다는 것을 알고 놀라웠다. 들을 때는 분명 잘 들었는데 뒤돌아서면 기억이 안 나는 것도 있었고, 책 역시 같았다. 분명히 책을 읽을 때는 이해도 했고, 기억도 날 법한데 이상하게 기억이 안 난다는 것이었다. 그때 크게 공감을 하면서 또 안심도 했다. 나만 그런 게 아니기에 방법을 생각하다가 문득 고등학교 때 암기하던 모습이 생각이 났다. 나는 생각해보면 어릴 때부터 완벽을 추구한 것 같았다. 글씨 하나하나 완벽하게 외우려고 싸우듯이 암기하곤 했다. 하지만 이해 없이 벼락치기이기에 시험을 친 다음 날은 깡그리 잊어버렸다. 지금도 그때와 비슷하다고 생각했다. 그래서 책을 보면서 실천도 해봤지만 책이 없으면 기억나지 않는 건 똑같았다. 그렇다고 책을 들고 다닐 수도 없었다. 그러다 종이에 써서 들고 다니면서 보자는 생각을 한 것이다.

나는 생각나는 것들을 행동으로 옮기기 시작했다. 노트에도 써보고 노트에 쓴 걸 찢어서 가지고서 다니기도 했다. 하지만 좀처럼 잘 보게 되지 않았다. 그렇게 고민을 하다가 문득 눈에 들어온 것이 있었다. 바로 포스트잇이었다. 거기에 간단히 말을 적어서 책에도 붙이고 여기저기 붙이고 핸드폰 뒷면에도 붙였다. 수시로 눈이 가니 좀 나았다.

긍정적인 말을 하는 데 유용했다. 하지만 들고 다니면서 애용하기에는 조금 부족했다. 접착력이 떨어져서 금방 떨어지기 때문이다. 그래서 다시 휴대폰으로 사진을 찍었다. 확실히 노트로 적어서 찍을 때보다 선명하게 잘 나왔다. 나는 그것을 가지고 콜라주로 만들어서 핸드폰 배경화면으로 바꿔서 보기도 했다. 그렇게 했더니 자연스레 긍정적인 확언을 쉽게 할 수 있었고 금방 입에 익어서 다른 확언을 추가하기도 했다.

입에 자연스레 익으면 다른 말로 바꾸는 재미가 있었다. 꼭 어릴 때 한글이나 단어 배울 때 쓰는 단어 카드로 공부 겸 놀이하는 기분이었다. 그래서 놀이처럼 긍정 확언을 하고 즐길 수 있게 된 것이다. 너무 긴 말은 노트에 적어서 보기도 했다. 포스트잇은 확언이 길면 글씨가 작아지고 읽기가 불편하기 때문에 오히려 노트에 적어서 보는 것이 편했다. 그러면서 자연스레 알게 되었다. 공부할 때 읽고 쓰기를 반복해서 자연스레 공부하는 것처럼 이것 역시 읽고 쓰고 말하기를 반복하면서 공부하듯이 서서히 습관을 들이는 것이었다. 조금 다르다면 긍정적으로 다가가는 인생의 공부인 것이다.

자신이 예전의 공부하던 방식을 떠올리면 자신이 어떻게 해서 외우고 사용했는지 알게 된다. 그러면 책을 보고 긍정적으로 접근할 때 어떻게 해야 하는지 자연스레 알게 된다. 계속 똑같은 단어를 보고 말한다면 자연스레 자신의 일부가 된다. 다양한 방법 중에 나는 긍정적이 되어가는 데 포스트잇의 도움을 많이 받았고 가장 효율적이었다.

나는 이루고자 하는 것들을 빠르게 이루고 싶었다. 방법을 찾던 중에 호기심이 생기는 방법을 보았다. 그건 바로 소원일기였다. 나는 소원은 빌면 되는 줄 알았는데 원하는 것을 3가지 써서 100일 동안 적는 것이었다. 너무도 간편하고 쉬운 방법이었다. 처음에 이 방법을 사용하지 않았다. 그러다 지금 이 생활이 너무 힘들어서 이루고자 하는 마음이 더 강했다. 그래서 사용하게 된 것이다. 내가 가장 이루고 싶은 소원을 생각을 해봤다. 내가 매일 바라고 했던 행동 그리고 행복하게 지내고픈 절실한 마음에 이루고 싶은 소원이 생각났다.

나는 처음에는 매월 월 수입 600만 원을 빌었다. 이렇게 시작했지만 마음 한구석에는 진짜 원하던 소원이 있었다. 하지만 두려웠기에 쓰지를 못했지만, 어느 순간 나는 마음을 바꾸었다. '왜? 나라고 안 된다는 법 있어? 수치는 중요한 게 아니야. 내가 되면 그만이야.' 생각이 바뀌었다. 그래서 50일가량 쓰다가 하나를 바꾸어서 쓰기 시작했다.

나는 로또 1등 32억 원이 당첨되었다.
나는 2020년 모든 빚을 다 갚았다.

사랑하는 남자친구와 매일매일 알콩달콩 연애를 했다.
그리고 2020년에 결혼을 했다.

나는 경제적으로 시달리고, 매일 빚과 고군분투를 했다. 이 지긋지긋한 빚에서 벗어나고 싶었다. 그리고 일확천금을 원했다. 내가 이룰 수 있는 방법은 로또 1등이 되는 것이었다. 정확한 금액을 알고 주문을 하면 쉽게 이뤄진다고 하기에 금액도 정했다. 항상 그 주에 당첨되었다는 생각을 매일 했다. 다이어리에 쓰기도 했다. 당시에 남자친구와 연락도 안 되고 힘든 상황을 겪고 있었다. 그래서 스스로 더 좋은 결과로 더 큰 행복을 얻기 위한 하나의 과정이라고 나를 다독이면서 쓰게 된 것이다. 그렇게 남은 50일을 매일매일 적기 시작한 것이다. 나의 소원은 반드시 이뤄진다는 믿음이 있었다.

그리고 또 하나 했던 방법은 바로 의문형 확언이었다. 우연히 유튜브에서 책에 관한 소개를 보고 신선했다. 그리고 내 눈에 의문형 확언이 들어왔다. 처음에는 생소했다. 완료형 확언이 받아들여지지 않을 때에는 저항을 줄이기 위해서 의문형 확언을 써야 한다는 것이었다. 나는 당시에 완료형 확언이 잘 안 되는 상황이었다. 그래서 이 기법을 사용하기로 했다. 내가 원하는 질문을 선택해서 적어가기 시작했다. 쓰다 보니 점점 개수가 많아졌다. 그리고 쓰는 김에 우리 가족, 남자친구도 같이 적었다.

경제적으로 다 자유인이 되었으면 하는 마음에서 적기 시작한 것이다. 나중에는 우리 강아지까지 쓰게 되었다.

왜 나는 원하는 일을 하고 있지?
왜 나는 경제적으로 자유인이 되었지?
왜 나는 1,000억 부자가 되었지?
왜 나는 능력이 점점 좋아지지?
왜 나는 하는 일마다 다 성공하지?

이렇게 쓰다 보니 어느덧 5개에서 25개까지 늘어나게 된 것이다. 이렇게 쓰다 보면 나의 무의식이 이 질문의 답을 찾는다고 했다. 나는 그렇게 간절한 마음으로 이루어진다고 생각하고 매일 써나가기 시작했다. 그리고 마침내 나의 인생 멘토님을 만나게 되었고, 진정 내가 즐기면서 할 수 있는 일과 원하는 방향으로 가게 되었다. 종이에 쓰면 가장 빠르게 이루어진다고 했는데 정말 나도 모르게 하나둘씩 이루어지고 있었다.

버킷리스트, 소원일기, 의문형 확언, 긍정 확언, 보물지도 등 여러 가지 방법이 있다. 이 같은 방법들은 실제로 이렇게 해서 이뤘던 사람들의 경험을 바탕으로 나온 것들이다. 그리고 우리는 책을 통해서 이 방법을 알게 되고 적용하게 되는 것이다. 나는 단순히 읽어가지고는 아무런 변화를 가져오지 못한다는 것을 알았다. 일단은 뭐라도 시작해야 한다는 것을 알게 되었다. 그렇게 방법을 찾은 것이 종이에 직접 쓰면서 소원을 이루고자 하는 것이었고, 이것이 가장 빠르게 이뤄지는 방법이다.

처음에는 믿지 못할 수도 있다. 그리고 이해도 한다. 나 역시 안 믿었다. 하지만 상황이 점점 힘들어지니 자연스레 나도 행동하게 된 것이다. 그리고 확실한 건 그냥 책 읽고 행동하기보다는 쓰면서 말하고 반복하면서 계속 보게 되고 그렇게 내 생활의 습관을 들인 것이다. 이제는 자연스럽게 부정적인 생각이 들어도 바로 긍정적인 생각으로 바꾼다. 저항이 있다 한들 '뭐 그까짓 거!' 하며 편하게 마주 본다. 처음에는 이런 날이 올 거라고 생각도 못 했다. 빠르게 변화를 원한다면 지금 당장 자신이 이루고 싶은 것들을 생각해라. 그리고 적어라. 그럼 어느 순간 자신도 모르는 사이에 이루어진 모습을 보게 될 것이다.

05

## 정말 죽을 것 같아서 읽기 시작했다

사람은 살면서 누구나 죽고 싶을 때가 있다. 대부분 힘이 들거나, 마음이 힘들거나, 삶의 희망을 잃어버려서 극단적으로 갔을 때 죽는 사람들이 정말 많다. 반면에 극복하고 더 악착같이 사는 사람들도 많이 있다. 돈이 없어서 죽는 사람보다 의외로 부자인데도 자살하는 사람도 많다. 나는 자살을 해서 죽음을 맞이하는 사람들을 보면 정말 대단하다고 생각한다.

죽는다는 것이 쉬운 일이 아니기 때문이다. 엄청난 용기가 필요하다. 자신이 정말 죽고 싶을 만큼 힘이 들 때 어떻게 극복하는가? 나는 왜 부정적인 생각에서 긍정적인 생각으로 바꾸려고 했는지 생각을 해보았다.

나는 매사에 부정적이었다. 삶의 희망이라고는 눈곱만큼도 찾아볼 수가 없었다. 무엇을 보든 다 부정적으로 생각하고 비난을 했다. 만일 내가 댓글로 활동했다면 비관적인 댓글을 엄청 달고 다녔을 것이다. 하지만 다행히도 그런 댓글은 달지 않았다. 달고 난 후에 후폭풍을 감당할 자신이 없었기 때문이다. 혹여라도 재수 없게 신고가 들어가거나 고소가 들어오는 게 싫었기 때문이다. 겁쟁이기도 했다. 그리고 나 자신에게도 부정적이었다. 매일 나에게 하는 소리는 '못생겼어.' 살이 조금이라도 찌면 '뚱뚱해, 살 빼야지.' 실수하면 혹독하게 '안 돼. 완벽해야 해. 완벽해야지 바보야!' 이렇게 단점만 줄줄이 찾고 있었다. 나 스스로에게 단점을 찾고 비난하고 채찍질만 하고 있던 것이다.

어느 순간 나는 우울해지기 시작했고 매일 한숨만 쉬었다. 내 바람대로였을까? 얼굴은 점점 못생겨지고 자존감은 끝도 없이 낮아지고 있었다. 그러면서 예쁘고 화려하게 사는 사람들, 부자들을 동경했다. 나도 저들처럼 돈도 많고 능력이 많으면 화려하게 살 텐데…. 나 자신이 초라해 보였다. 그러면서 내 시간을 다 바쳐서 일해야 나오는 월급에 전전긍긍하면서 직장도 못 그만두고 매달려 살았다. 그렇게 나는 하루하루를 살아가고 있었다.

그렇게 벗어나고자 했던 병원을 퇴사하고 나는 눈이 아프신 아버지를 간호하면서 살았다. 처음에는 아버지도 나도 피곤하고 힘들어서 그런지 1주일은 정말 종일 잠만 잤다. 때가 되면 눈에 안약 넣어드리고 밥 챙겨드리고 병원 가야 하는 날에는 같이 병원에 가고 그렇게 지내고 있었다. 그러다 점점 생활비는 떨어져갔고, 나는 힘이 들기 시작했다. 게다가 부정적인 생각이 너무 커서 그런지 더 우울해지기 시작했다. 그러면서 서서히 숨이 막혀왔다. 그리고 내 미래를 생각해보기 시작했다.

나의 미래를 생각해봤을 때 나는 극한의 공포를 느꼈다. '늙어 죽을 때까지 이렇게 살아야 하면 어떡하지? 내가 아파서 일을 그만두게 되면 어떻게 먹고 살지? 일도 못 하게 되면 그때 나는 살 수 있을까?' 이런 생각들이 나를 괴롭혔다. 이렇게 가난하게 살다 죽으려고 사는 게 아닌데…. 그러다 내 현실을 바라보았다. 현재 나는 변변한 직장도 없는 백수에 가끔식 일당식으로 일이 들어오면 하는 아르바이트가 고작이었다.

현재 자신의 모습을 보고 생각을 하고 난 후에 자신의 모습을 다시 보았을 때 미래가 보이지 않는 모습이라면 어떠한 기분이 들겠는가? 사람은 누구나 성공하고 빛이 나는 삶을 원한다. 하지만 현실은 회사에 얽매여 있는 직장인이거나 아니면 기술자, 전문직 등에 종사하는 사람들이 많다. 하지만 이것도 영원하다 할 수는 없다. 직장인은 정년퇴직이 있고, 기술자나 전문직 그 외의 일은 종사하는 사람들도 그 사람만의 고충이 따른다. 그리고 공통점은 많이 아픈 경우 더 이상 일을 할 수 없게 된다는 것이다.

지금 나는 어떤 생각을 하고 살고 있는지 생각을 해본 적이 있는가? 그리고 미래에 대한 진지한 생각을 해본 적이 있는지, 과연 어떻게 해야 더 나은 삶을 위해서 살 수 있는지 생각은 해봤는가? 가끔 지난날을 돌이켜보기도 하고 현재의 나의 모습을 보면서 문득 생각이 들었다. 그리고 다른 사람들은 이러한 생각을 할 때 어떤 생각이 드는지도 궁금했다. 하지만 생각만 하고 지냈을 때는 정답이 없었다. 그냥 지난날을 인정하고 현재는 미래의 더 나은 삶을 위해서 산다고 인정만 했을 뿐이었다.

나는 솔직히 생각이란 걸 제대로 하지 않았다. 기껏 한다는 생각은 지난날의 행동이나 말에 대한 후회만 가득했다. 그리고 미래에 대한 두려움도 함께 가지기만 했다. 거기에 대해서 진지하게 생각하고 어떻게 대처해야 하는지 생각을 하지 않았다. 지금 있는 생활에서 벗어나고 싶어 하지만 무엇을 해야 하는지 몰라서 가만히 있었고, 마냥 두려워만 했다. 나는 퇴직을 하고서 아버지와 함께 생활을 하면서 마음 한구석은 편하지 않았다. 내 미래에 대한 불안감 때문이었다. 이렇게 일이 생겼을 때 일을 그만두게 되면 나는 자금이 끊기게 된다. 그리고 있는 돈으로 생활을 해야 했다. 그 와중에 다행인 건 부모님과 함께 살고 있어서 집세나 전기

세, 밥은 먹고 다닐 수 있다는 것에 감사했다. 하지만 쉬고 난 다음에 직장을 구해야 하는데 어디를 구해야 할지도 모르겠고, 나를 받아주는 곳은 있을지 생각도 해봤다. 처음에 자신감이 가득 찼던 나는 사라지고 자신감 없이 불안한 하루를 보내는 나만 존재할 뿐이었다.

그럴 때마다 눈에 들어온 건 책이었다. 하지만 읽다가 말고 그러기를 반복했다. 그렇게 생활을 하다가 문득 생각이 나는 문구를 보면 찾아서 보기도 하고 했다. 불안할 때도 읽기는 했지만 나를 발전시켜야 할 방법을 몰랐다. 그냥 책을 보면서 말버릇을 따라 하는 게 전부였다. 그래도 희망은 있었다. 나를 위로하면서 하루를 버텨냈다.

나는 너무 부정적이다 보니 매사가 불안했다. 불안으로 인해 예민해져서 짜증이 많이 나고 화를 종종 내기도 했다. 누군가 나에게 부탁을 하면 귀찮음에 짜증이 났고, 왜 나한테 부탁하는지 불만도 많았다.

일자리를 구하려고 하면 마땅한 곳은 없었고, 초조함만 가득했다. 그럴 때마다 책을 읽으면서 나를 위로하려고 했다. 하지만 자신이 진정 원하는 일을 하고 목표를 정해서 실천하라고 했지만 내가 가장 원하는 일도 몰랐고, 어떻게 목표를 정해서 실천을 해야 하는지도 몰랐다. 답답함이 몰려왔다. 나도 하고 싶었다. 하지만 방법도 모르고 가야 할 길도 모르는데 어떻게 하라는 것인지 짜증이 났다.

나의 불안 증세는 계속되었고, 긍정적으로 가려고 노력을 했다. 그래서 거기서 나오는 말도 상황에 따라 해보기도 하고 반복했지만 소용이 없었다. 그러다 잠시 멈추었다. 하지만 분명 길은 있을 거라고 믿었고, 유튜브를 보면서 내가 꽂히는 말을 계속해서 보게 되었다. 하라는 방법은 다양했다. 거기서 당장 내가 할 수 있는 것들을 따라 해보면서 달라지기를 원했다. 하지만 나의 뚝심 부족으로 어떤 것은 며칠, 어떤 것은 한 달 이렇게 따라 하는 둥 마는 둥했다. 그러다가 지쳐서 멈추기를 반복했다. 그렇게 의미 없는 하루를 보내다가 결국 그 당시에 사귀던 남자친구와 사이가 안 좋아지는 시기까지 겹치자 나의 불안은 계속해서 극으로 가는 기분이 들었다. 정말 이렇게 살다가는 죽을 것 같았다.

나는 마음을 독하게 먹기로 했다. 이렇게 살고 싶지 않았다. 이제는 정말 여기서 해방되고 싶었다. 이 지긋지긋한 가난에서도 벗어나고 싶었다. 지금까지 내가 해왔던 걸 생각을 해봤다. 그리고 내가 제일 처음 무엇을 어떻게 시작을 해야 하는지 생각을 해봤다. 그리고 다시 책을 펼쳐보았다. 내가 평상시에 계속 봤던 책이었지만 다르게 보였다. 그리고 시작됐다.

나는 부정적인 생각으로 살다 보면 정말 죽음으로 갈 수 있다는 느낌을 뼈저리게 느꼈다. 왜 우울한 사람이 자살을 하는지, 무기력한 인생에서 왜 부정적으로 살게 되는지 내가 직접 겪어보니 서서히 알게 된 것이다. 너무 부정적이면 긍정적으로 받아들이기가 힘이 든다는 사실도 직접 체험해보니 더욱 와닿게 되었다. 그리고 계속해서 실패했던 원인과 그러면서도 계속 시도했던 지난날들을 생각을 해봤다. 그때는 아무런 생각도 느낌도 들지 않았지만, 지금 돌이켜서 생각해보니 알 것 같았다. 인생 역전의 주인공처럼 한순간에 확 바뀌길 바라는 마음이 컸다는 것을 알게 되었다. 그래서 실망이 너무 커서 그동안 실패한 것이다.

그리고 알게 되었다. 절실하기는 했지만 진심이 아니었다는 것도. 정말 변하고자 했다면 실망감이 커도 묵묵히 실천을 했을 것이다. 나는 정말 죽을 것 같아서 이를 악물고 실패나 실망감 그 외에 다른 생각은 하지 않았다. 그저 바뀌고자 하는 마음에서 계속 실천을 한 것이다. 정말 절실해지기에 가능했다는 것도 알게 되었다. 살면서 어려움도 있고, 살기 힘들 정도로 극한 상황도 오기 마련이다. 하지만 위기를 극복하고 성공한 사람들의 특징이 있다. 그건 바로 책이다. 바뀌고자 한다면 자신이 좋아하는 책부터 읽기를 권장한다.

# 06

## 누구나 행복한 삶을 원한다

사람은 누구나 행복하게 살고 싶어 한다. 불행하게 살고 싶은 사람은 없을 것이다. 하지만 정말 진심으로 행복하게 사는 사람은 과연 몇이나 될까? 나 역시 행복하게 웃으면서 살기를 바랐다. 나는 다른 사람들은 모두 행복하게 사는 것처럼 보이지만 얘기를 하다 보면 행복과는 거리가 먼 삶을 산다는 것을 서서히 알게 되었다. 그때 나는 종종 생각을 했다. 어떻게 살아야 내가 행복한 삶을 산다고 생각을 할까? 매일 행복한 삶은 어떤 삶일까? 걱정 없이 마냥 행복한 삶은 어떤 기분일까? 여러 가지 생각을 해봤고 내가 행복하게 살았다는 가정하에 기분을 생각해보기도 했다. 당신이 매일 행복한 삶을 살고 있다면 어떤 기분인가?

나는 어느 순간부터 행복이란 단어와는 먼 삶을 살기 시작한 것 같았다. 모든 게 다 부정적이었다. 설상가상 제일 친하게 지내고 만나던 친구도 부정적이었다. 그 친구랑 이야기하면 죄다 우울한 이야기, 무슨 말을 하면 다 부정적인 얘기였다. 거기에 나도 부정적이니 부정적인 것에 대한 끝판왕을 보는 기분도 들었다. 기분 좋게 지내려고 해도 나를 반겨주는 건 항상 화가 나고 짜증 나는 일만 생기는 일이었다.

나는 마냥 행복해지고 싶었다. 그 생각이 절실했지만, 실천하지도 않았고 방법 또한 몰랐다. 그 당시에는 책을 읽지도 않았다. 그냥 나의 낙은 친구랑 얘기하는 것이었고 TV를 보는 것이 전부였다. 나는 드라마를 보면 여주인공이 부러웠다. 어떤 상황에서도 여주인공은 정말 멋있는 남자 주인공을 만났고, 점점 행복해졌다. 악역에게 방해를 받지만 그래도 꿋꿋이 이겨나갔고 남자 주인공의 도움을 받아서 위기를 극복하고 결국 행복하게 지내는 여주인공이 좋았다. 그래서 여주인공이 된 것처럼 상상도 했었다. 남자 주인공에게 푹 빠지기도 했고, 현실을 벗어난 드라마 세계에 있는 여주인공처럼 사랑을 꿈꾸기도 했다.

나는 인터넷에서 글을 보거나 지인들의 프로필 사진에서 공감이 가는 글을 보게 되면 눈시울을 붉히곤 했다. 꼭 나에게 들려주는 이야기 같았다. 그런 글들을 보게 되면 나는 계속 인터넷으로 글을 찾았다. 그리고 공감 가는 글귀를 보고 스샷해서 프로필에 적기도 하고 인사말에 적기도 하고 그랬다. 내가 공감이 간 글들은 전부 슬픈 내용뿐이었다.

당시에 나는 행복이란 단어보다 불행하다는 느낌을 더 많이 받았다. 세상의 모든 불행은 다 나한테 오는 기분이었다. 모든 것이 짜증만 났다. 왜 나는 불행하게 사는 건지…. 왜 나는 재수가 없는 건지…. 항상 가슴이 두근거리고 불안한 하루만 보내고 있었다. 미래도 보이지 않았다. 그저 자격증 하나 잘 따서 입에 풀칠이나 해야지 생각을 하다 가도 한숨만 나오는 게 여러 번이었다. 나는 그저 눈앞에 보이는 현실만 바라보고 원망만 한 것이다. 하지만 지난날을 돌이켜보면 꼭 그런 것도 아니었다. 나에게도 한순간이지만 행복했던 순간들이 많았다. 지금은 무지개다리를 건넌 처음으로 끝까지 키운 강아지에게 웃음이 났고, 그 아이로 인해 행복했다. 엄마하고 웃으며 보던 예능 프로도 있었다. 그래서 둘이 그 프로 하는 날을 기다렸고, 재미있게 웃고 이야기하면서 시청도 했다. 나는 불행에 눈이 멀어 내가 행복했던 순간들을 놓치고 있었던 것이다.

나는 지인들과 이야기할 때 했던 말이 생각이 났다. "내비둬! 스스로 깨우치지 못하면 아무리 주변에서 말을 해줘도 소용이 없어!" 그렇다. 사람은 어떠한 상황에 놓여 있을 때 주변 사람들에게 조언을 구하고는 한다. 하지만 듣기는 하지만 와닿지는 않는다. 그건 자신이 원하는 대답을 못 듣기 때문이다. 행복하기를 원한다면 스스로 깨우쳐야 한다.

자신이 행복해지기 위해서 실천했던 것은 몇 가지가 있었는지 생각이 들었다. 어떠한 삶을 살아가야 진정으로 자신이 행복하게 사는지, 아님 자신이 살고 싶은 삶을 추구하면서 살았는지, 여러 가지 생각이 든다. 그렇게 꼬리를 물고 늘어지면 문득 내가 행복하게 지낸 시절, 꿈을 가지고 부풀어 살던 시절이 생각나곤 했다. 그리고 지금 내 모습을 보기도 했다. 지금 나는 어떤 기분인지 어떤 생각을 하는지 내 모습을 바라보게 된다.

나는 아무런 방법도 모르고 어떻게 실천하는지도 모를 때 마냥 행복해지고 싶다고 생각하던 때가 있었다. 나는 행복하게 산다. 나는 행복하게 산다. 이렇게 막연하게 말을 했다. 내가 갓 30대가 되었을 때였다. 당시에 나는 살이 많이 찌고 있던 때였다. 먹는 것을 너무 좋아했지만, 살 때문에 먹지를 못했고, 유산소 운동을 했지만 살은 전혀 빠지지 않았다. 문득 24살 때 헬스장을 다니던 아주머니의 말이 생각이 났다. 유산소로 빠지지 않는 순간이 왔다고, 그래서 처음으로 근력운동을 했고, 그제야 살이 빠지기 시작했다고, 나이가 들수록 근력운동을 해야 한다는 것을 비로소 알았다. 나는 피식 웃고 말았다.

자신이 없었기 때문이다. 운동을 정말 좋아하지도 않았고 하기도 싫었다. 그러면서 살이 찌는 내 모습도 덩달아 더 싫어졌다. 살과 관계없는 일을 찾기도 했다. 하지만 내 자신감 결여로 일자리를 구하기는 쉬운 게 아니었다. 그러면서 막연하게 살이 빠지면 예쁜 내 모습과 얼굴을 상상했고, 행복해지기 원했다. 그래서 계속 생각을 했다. 그때 책을 읽었다면 어땠을까 하는 아쉬운 생각이 들기도 한다. 그랬다면 막연하게 생각만 하지 않고 뭐라도 했을 텐데 나는 아무것도 하지 않은 채 그저 생각만 했던 것이다.

나는 불행하다 생각하면 불행한 사람들만 오는 걸 몰랐다. 정말 끼리끼리라고 했던가? 생각을 해보면 정말 내가 생각한 것들을 가진 사람들만 왔다. 마치 자석이 끌리듯이 그런 사람들만 왔다. 돌이켜 생각해보면 정말 신기했다. 내가 가진 생각으로 그런 사람들만 인연이 된 것이. 나는 그것도 모르고 상대방만 원망했다. 그리고 하늘도 신도 원망했다. 왜 나한테만 이러는 건지, 이렇게 살고 싶지 않은데 왜 나만 이런 건지, 와도 이런 사람들만 오는지 계속 원망만 했다. 정작 나 자신에게 문제가 있다는 걸 인지하지 못했다. 하지만 책을 읽으면서 이 모든 원인이 나라는 걸 알게 되었다. 솔직히 머리를 한 대 쾅 맞은 기분이었다. 이 모든 것이 나의 생각에서 나오는 결과라니, 인정하기 싫었다. 그렇게 거부하면서 읽기를 반복했다. 그러다 한숨이 나왔다. 자포자기한 것이다. 그리고 내가 생각하는 것에 반대로 생각하기 시작했다. 일단 좋은 사람들을 만나고 좋은 사람들과 일하고 싶었다. 항상 웃고 밝게 지내는 나를 생각했다. 멋진 연애를 하는 나를 생각했었다.

생각하니 그냥 웃음만 나왔다. 의심과 함께 '까짓 거 돈 드는 것도 아닌데 해보지 뭐!' 이런 생각이 든 것이다. 그리고 내가 좋아하는 글들을 보고 말을 하면서 지냈다. 그렇게 시간이 지나면서 서서히 변화되는 삶을 살 수 있었다. 생각해보면 나는 좋은 사람들과 일을 했고, 좋은 사람들만 알게 되었고, 내가 그토록 찾던 꿈을 찾아서 비로소 내가 원하는 일을 찾아 꿈을 향해 나아가고 있었다. 시간이 걸렸지만, 비로소 내가 원하는 대로 가고 있던 것이다.

나는 시간이 지나면서 행복은 언제나 함께했고 행복한 순간도 그만큼 많다는 걸 알게 되었다. 부정적인 생각으로 가득 찰 때 그것에만 치우쳐져 있었기에 그렇게 보였던 것이다. 하지만 생각을 바꾸고 노력했다. 그리고 시간이 지나면서 크고 작은 변화가 있었고, 결국 행복은 나에게서부터 시작된다는 걸 비로소 깨닫게 된 것이다.

사람은 누구나 행복한 삶을 살기를 원한다. 그리고 행복을 위해서 항상 살아가고자 노력한다. 그래서 희망이 있고, 삶의 원동력이 있는 것이다. 아직도 때로는 힘이 드는 순간이 있고, 좌절되는 순간들도 있다. 하지만 전처럼 거기에 매달리기보다는 좋은 쪽으로 생각을 많이 하려고 한다. 순간에 확 바뀌는 건 아니지만 버려지기는 한다. 그리고 견뎌진다.

  사람이 살면서 마냥 행복할 수는 없지만 그렇다고 마냥 불행하지도 않다. 그럴 때마다 안 좋은 생각들이 불쑥 찾아와 자신을 괴롭힌다면 자신을 응원해주고 위로를 해줘야 한다. 그것이 원동력이 되어서 안 좋은 상황도 좋은 상황으로 얼마든지 바뀐다. 그럼 지금 살고 있는 삶도 더 행복해지기 위한 과정이라는 걸 알게 된다. 행복한 삶을 살고 싶다면 지금 보내고 있는 이 시간을 충실하게 보내야 한다. 지금 자신이 보내는 시간을 잘 활용해야 다음 시간이 더 나은 삶으로 인도되기 때문이다.

  마지막으로 앤드류 매튜스의 말을 기억하길 바란다.

  "행복은 현재와 관련되어 있다. 목적지에 닿아야 행복해지는 것이 아니라 여행하는 과정에서 행복을 느끼기 때문이다."

## 내 마음이 늘 가난한 이유

당신은 마음이 풍족한가? 아니면 가난한가? 과연 사람들 중에 얼마나 자신의 마음에 대해서 바라보고 느낄까 생각을 할 때가 있다. 자신의 마음에 대해 얼마나 잘 아는지에 대해서도 생각을 해보았다. 나는 문득 내 마음에 대해서 생각을 해본 적이 있다. 왜 나는 항상 풍성하다고 생각을 하지 못할까? 가득 찬 풍요로움은 어떤 기분일까? 책을 읽으면서 생각을 하기도 했다. 나는 그런 느낌을 받아보지 못했다. 그 반대인 불안과 부족함, 불만이 가득했기 때문이다.

나는 사랑을 많이 받고 싶었다. 하지만 사랑을 받는다는 느낌을 받지 못했다. 그래서일까? 사랑을 원해서 계속해서 주기만 했다. 진정으로 원한다기보다는 이렇게 주면 나에게 그 배로 돌아온다 생각이 더 강했다. 하지만 내 바람과는 다르게 내가 생각하는 만큼 돌아오지 못했다. 그래서 아쉬웠다. 그리고 서운했다. 왜 이것밖에 안 주는지, 아니 오히려 나에게서 더 받고 싶어 하는 기분이 들었다. 그리고 내가 주는 것은 당연한 거고, 더 주기를 원한다는 기분이 들었다. 그리고 생각했다. '왜 나는 이렇게 주기만 해야 하는 거지? 다른 사람들은 그렇게 주지 않아도 더 받고 더 사랑을 못 줘서 안달이 나던데 나는 왜 그 반대인 거지?' 이런 생각들이 꼬리에 꼬리를 물고 이어졌다. 그 이유를 알고 싶었다.

도대체 나와 무슨 차이가 있는 거지? 나는 다른 사람들을 지켜보기 시작했다. 하지만 아무리 지켜봐도 알 수가 없었다. 다른 사람들에게 물어봐도 딱히 대답이 나오질 않았다. 나는 그럴수록 더 집착해서 더 퍼주기 시작한 것이다. 오로지 사랑받고 싶어서 내 마음을 알고 더 줄 것이라는 믿음으로 계속해서 집착을 하기 시작했다. 하지만 결과는 더 안 좋아지는 상황으로 가기 시작했다. 어느새 불안해져서 '이 남자가 나를 떠나가면 어떡하지? 나 말고 다른 여자 만나면 어떡하지?' 하는 불안으로 믿음은 어느샌가 깨져버리기 시작한 것이다.

깨져버린 믿음은 다시 담기는 힘들었다. 결국 안 좋게 끝나는 경우가 많이 있었다. 나는 계속해서 상처를 받고 있었다. 그래서 누군가에게 마음을 주기가 힘들었다. 겨우 추스르고 만나면, 결국 똑같은 상황만 되풀이되는 것이었다. 그렇게 나는 몸과 마음이 지쳐가고 있었고 혼자 지내는 것이 오히려 편했다. 그렇게 나는 연애에서 멀어져가고 있었다.

원인을 모른 채 지내고 있을 때였다. 그렇게 무감각해졌다고 생각할 때 쯤에 새로운 남자친구가 어김없이 찾아왔다. 내가 원하는 사람인 줄 알았다. 하지만 시간이 갈수록 내가 생각하는 사람과는 거리가 멀었다. 오히려 나를 더 힘들게 했다. 결국에 싸웠고 헤어졌다. 이 남자와 헤어지기 전 거의 끝난 것이나 마찬가지일 때 지쳐서 자포자기하고 싶을 때 즈음에 책을 읽으면서 알게 된 것이다. 이것 또한 나한테 비롯된 것임을, 내가 스스로 그렇게 만들었고 힘들게 만든다는 것을. 처음에는 어이가 없었다. '또 이런 거야? 또 내가 만든 상황인 거야? 도대체 괜찮은 건 뭐야?' 진짜 짜증만 엄청 났다.

그러다 시간이 지나고 난 후에 문득 생각이 들었다. '난 왜 다 주기만 하는 거야?' 남자한테만 퍼주는 줄 알았는데 생각해보니 아니었다. 여자한테도 그랬다. 남녀 가릴 것 없이 나는 계속 퍼주었다. 그리고 받을 때의 기분을 생각해보았다. 불편했다. 그리고 불안했다. 왜 그런 것일까? 궁금해지기까지 했다. 그리고 알았다. 내가 스스로 받기를 거부했다는 것을. 그러니 무언가를 준다고 하면은 불편한 기분만 든 것이다. 반면에 내가 주는 것이 더 편했다. 남이 불편해하든 말든 신경도 쓰지 않았다. 비로소 알게 된 것이다. 나는 내 몫도 못 받아먹는 어리석은 여자였다는 것을. 한동안 충격에 싸여 있었다.

그리고 문득 그 후에 새로 사귄 남자친구와 했던 대화가 생각이 났다. 처음 대화를 하던 때에 나에게 명품을 많이 사준다고 했다. 나는 필사적으로 거절을 했다. 순간적으로 명품만 밝히는 여자로 오해하면 어쩌지 하는 걱정과 불안이 생기니 동시에 불편했던 것이다. 그렇게 거부를 하다가 결국 맛있는 음식을 사준다고 합의를 봤는데 그것마저 마지못해 수락한 것이었다. 순간 내가 나를 이렇게 낮췄구나 하는 생각이 들었다. 나 스스로 엄청 가난한 기분이 들었다. 비참했고 후회했다. '나는 왜 이렇게 살고 있었던 거야?' 나는 너무 마음이 아팠다.

나는 내가 스스로 가난하게 만든 것이란 걸 알게 되었다. 그리고 조용히 생각을 했다. 원인을 생각해보았다. 어디서부터 이렇게 된 것일까? 한동안 마음이 너무 아프기도 했고 안타깝기도 했다. 답을 찾는 데 한참 시간이 걸렸다. 답을 찾지 못하니 거기에 집착하는 나를 보았다. 내려놓기도 하고 그러길 반복하던 중에 알게 되었다. 나 스스로 사랑도 못 줬고, 돈에 대한 결핍으로 스스로 가난한 사람으로 만든 것임을.

나는 가끔씩 사람들이 자주 하는 말이 생각나기도 했다. 입 한번 잘못 놀리다가 그대로 화를 당한다. 말을 조심해야 한다. 인생이 말 따라서 그대로 간다. 그만큼 말버릇은 중요한 것이었다. 하지만 나는 그렇게 중요하다고 생각하지 않았다. '내가 지금 이렇게 살고 있는 건 세상 때문이다. 내가 이렇게 살고 있는 환경 때문이다.' 모든 걸 이렇게 남 탓으로 돌리기 바빴다. 만일에 내가 똑같은 상황이라도 긍정적이고 희망적인 이야기만 했다면 과연 어땠을까? 그런 생각이 든다. 문득 20대 초반에 나의 모습이 생각이 났다.

나는 처음부터 부정적인 건 아니었다. 오히려 20살이 되니 모든 걸 다 해낼 수 있을 것 같았다. 그리고 자신감도 있었다. 성인이 되어서 안경 대신 렌즈를 꼈고, 머리도 황금 갈색으로 염색을 했고, 머리는 길어서 웨이브에 다이어트도 해서 날씬해진 몸을 가지고 있었다. 흔히 말하는 리즈 시절의 나였다. 나의 가장 친한 친구는 나에게 그때가 가장 예뻤다고 말해주곤 했다. 그렇게 자신감이 넘친 멋진 여자였던 것이다.

하지만 그랬던 내가 어느 순간 부정적으로 갔는지에 대해서 생각해봤다. 아무래도 이때였던 것 같았다. 21살부터 카드로 문제가 생기기 시작한 것이다. 그때는 자각을 못 했고 본격적으로 자각을 한 것은 22살 때였다. 카드값을 못 내서 연체가 생기기 시작했고, 결국 갚지 못해서 신용불량자가 된 것이다. 나는 망연자실했다. 그러고 보니 20살 때 급하게 이사 간 집에서부터 시작된 기분이었다. 이사 간 집은 너무도 좁았고 적응도 안 됐다. 겨우 적응하고 살기 시작했는데 신용불량자가 되어서 독촉 전화에 시달렸고, 나의 방황은 시작된 것이었다. 그때는 세상 원망도 참 많이 했다. 그 당시에 처음으로 도입된 신용불량자가 생겼고 신용불량자가 일할 곳은 어디에도 없었다.

회사에 취직하고 싶어도 신용불량자는 지원 불가. 나는 신용불량자와 관계없는 곳을 찾아 다녀야 했다. 그러다 자연히 서비스 업종으로 뛰어든 것이다. 하지만 서비스직은 너무도 힘들었고 나랑 맞지 않았다. 하지만 먹고사는 수단으로는 지내야 하기에 꾹 참고 일을 했고, 그러다 억울한 일을 당했기도 했고 다행히 잘 무마됐지만, 그래도 어린 나이에 당했기에 나는 상처를 받고 결국 못 버티고 그만두었다.

미술학원 관리직으로 들어가기도 했다. 그래도 잘 다녔다. 일단은 힘들게 서서 일할 필요도 없었고, 시간대는 애매했지만 나름 빨간 날은 쉴 수 있었다. 그때 내 친구들은 다 전문대를 다니고 있었다. 대학 시절을 즐기고 있는 것이다. 나는 너무도 그 친구들이 부러웠다. 그리고 내 자신이 초라하게 느껴졌다. 다시는 못 느낄 풋풋한 20대의 추억을 그렇게 보내고 있던 것이었다. 20대에는 술도 참 많이 마셨다. 원래는 술 한잔 제대로 못 먹던 나였는데 어느새 주량이 제법 늘어난 것이다. 그때의 나는 술을 낙으로 술 먹는 시간을 즐겼다. 힘든 하루를 그렇게라도 버티고 싶던 것이다.

그렇게 보내면서 나의 말버릇은 이러했다. "나는 왜 이렇게 재수가 없어?", "왜 나만 이런 일을 당해야 해?", "왜 나만 불행해야 해?", "왜 나만 가난해야 해?" 이렇게 나를 끊임없이 부정의 구렁텅이에 집어넣고 있었다. 이게 내 인생에 크게 작용하는 말버릇인 것을 몰랐던 것이다. 항상 돈이 부족했다. 처음으로 느끼는 돈의 부족함은 정말 사람을 처절하게 만들었다. 그리고 무서움, 너무도 크게 다가왔다. 가난이 이토록 무서운지도, 돈 없이 사는 인생이 정말 처량하다는 것도 너무도 가슴속 깊이 뼈져리게 느낀 것이다. 그때부터 나는 돈의 결핍이 생기게 된 것이다. 그리고 내 인생은 정말 내 말버릇처럼 향하고 있었다.

가난하다는 건 말 그대로 부족하다는 것이고, 사람을 우울하게 만들었다. 풍족하게 지내는 사람들이 부러웠다. 한번은 압구정 갤러리아 백화점에서 식품관 캐셔를 하고 있을 당시였다. 그때 젊은 내 또래로 보이는 여자애들이 아무렇지 않게 단순히 물만 사가거나 그러는 경우가 있었는데 왜 그렇게 나와 비교가 되는지 내가 정말 초라하다고 느낀 적이 많았다. 나는 그럴 때마다 내 친구에게 하소연을 하고는 했다. 내 친구는 내 말을 듣고서는 나에게 용기를 주는 말을 많이 해줬다. 고마웠다. 내가 진심으로 잘 되기를 바라고 행복을 빌었던 친구였다. 나는 그래도 이렇게 나를 위해 주고 아껴주는 친구가 있기에 다행이라고 생각했다.

지난날을 생각하면 정말 암울하고 힘들었다. 그 시절을 잘 버텨준 나에게 고맙고 기특하다는 생각이 든다. 가난은 내가 살고 있는 현실이고 내가 이렇게 태어났기 때문에 그런 것이라고 생각을 했다. 하지만 이건 다 내 마음에서 비롯됐다는 걸 알게 되었다. 그 마음들이 모여서 결국에는 현실로 만든 것이었다. 가난할 때는 정말 다 부족하고 불안했다. 돈이 빠져나가도 불안, 돈이 들어와도 불안, 다 불안투성이었다. 이대로 살다가 죽어도 당연하다는 생각이 들었다. 하지만 가난해도 다 똑같은 건 아니었다. 명확한 사고가 있는 사람들은 이를 바탕으로 극복하고 나아가려고 노력을 했다. 나는 명확한 사고도 없었고, 꿈도 없었다. 그저 좁은 시야로 지금 모습만 바라볼 뿐이었다.

사람들에게 지금 부자냐고 물어본다면 대부분의 사람들은 아니라고 말을 할 것이다. 왜 그럴까? 지금 자신의 상황이 부자가 아니라서, 그렇다고 가난한 것도 아니라서? 항상 돈이 부족해서? 이유는 여러 가지가 있다. 사람들은 이런 생각들이 자신의 마음을 스스로 가난하게 만든다는 것을 모른다. 나 역시 몰랐다. 책을 읽고 실천하기 전까지는 그냥 이 상황들이 그저 당연하게 느껴질 뿐이었다. 성공한 사람들을 보면 지독하게도 가난했던 사람들이 많다. 하지만 그 사람들은 왜 부자로 성공할 수 있었을까? 그건 현재의 가난을 인정했고 자신은 반드시 부자가 된다는 믿음이 있었기 때문이다. 비록 지금은 가난해도 나는 반드시 성공한다는 믿음이 있었기 때문에 믿음이 원동력이 됐고 결국에는 성공을 이끈 것이다.

어떻게 보면 현재 자신의 모습이 성공자들의 가난한 생활보다 더 풍요로울지 모른다. 하지만 사람들은 자신의 모습에 만족하지도, 그렇다고 발전하지도 않는다. 이유가 무엇일까? 첫 번째는 두려움 때문이다. 사람이 변하고자 마음먹으면 바로 현실에 부딪치게 된다. 그러면 자연스럽게 포기를 하게 된다. 이것을 극복하고자 한다면 현실은 아무것도 아닐 것이다.

그리고 제일 중요한 것은 바로 마음의 가난이다. 마음이 가난하기 때문에 돈에 부족을 느끼고 현재 자신의 모습에 만족하지 못하는 것이다. 성공자들은 비록 가난했지만, 마음은 오히려 부자였다. 그렇기에 결국 성공한 부자의 삶을 살고 있는 것이다. 스스로 부족한 느낌이 든다면 자신의 마음을 보기를 바란다. 그럼 자연스레 자신이 어떤 마음으로 사는지를 알게 된다.

이

장

남의 시선에서
벗어나기

## 실수해도 괜찮아

　사람은 누구나 실수를 한다. 처음부터 완벽한 사람이 어디 있으랴? 나는 처음에 실수에 그렇게 크게 의미를 두진 않았다. 그냥 일부라고만 생각했다. 그렇지만 사회에서 하는 실수는 정말 가혹한 것이었다. 조금의 실수도 용납이 안 되고 엄청 크게 나에게 돌아왔다. 실수를 해도 그 과정을 생각하면 그게 나의 성장에 도움이 되는 윤활제 같은 존재이다.

　하지만 이 실수를 어떻게 생각하고 대처하는지에 따라서 나에게 도움이 될 수도 있고 오히려 안 좋아지는 결과를 초래하게 되기도 한다. 나는 후자에 속했다. 나는 왜 이렇게 실수에 집착하게 되었는지 생각을 해보았다.

나는 정말 아무것도 아닌 것에 실수를 해서 혼이 많이 났다. 그리고 이게 이렇게까지 혼날 일인가? 생각도 해보았다. 그렇게 생각을 하다 보니 실수를 하게 되면 거기에 집착하게 되는 나를 보았다. 과연 그 이유가 무엇인지 생각을 해보게 되었다. 나는 어느 순간 실수를 하게 되면 집착을 했다. 그리고 그 부분만 생각을 하게 되었다. 그리고 발전이라고는 눈곱만큼도 없었다. 지금 생각해보면 당연한 결과였다.

나는 실수를 하게 되면 자연스럽게 변명거리를 찾고 있었다. "나는 몰랐어요.", "저는 이래서…" 내가 말할 거리를 이런 식으로 찾곤 했다. 그럼 결과는 당연했다. 더 혼났다. 조금만 혼날 것을 스스로 자초하기도 했다. 그렇게 지내다 보니 나는 실수에 집착을 했고 더 나아가 나를 자책하고 상처를 깊게 주는 상태까지 갔다. 그러다 책을 읽으면서 깨닫기 시작한 것이다. 이런 방법들이 오히려 나를 더 실수하게 만들고 무능력하고 자신감이 없는 사람으로 만드는 것이라고, 그것도 다른 사람도 아닌 내가 나 스스로를 그렇게 만들었다.

나는 나 자신에게 너무도 미안했다. 그리고 나는 내 몸을 감싸 안아주고 위로했다. 그리고 사과를 하고 이제부터 사랑을 주겠노라 말을 했다. 그렇게 실수에 대한 집착을 벗어나는 과정이 시작된 것이다. 나는 어김없이 실수를 했다. 그럴 때마다 사과를 했다. 이유를 물어도 대답을 안

했다. 내가 잘못한 거고 변명할 여지가 없었기 때문이다. 물론 심한 소리를 듣기도 했지만, 나는 사과를 했고 주의 깊게 하겠다고 거듭 말했다. 예전같은 습관이 튀어나와도 집착을 하는 순간도 있었지만, 잠깐 그대로 내버려두었다가 위로하기를 반복했다. 그러면서 나는 실수에서 조금씩 벗어날 수 있었다. 그러다 문득 떠오르는 생각이 났다.

그건 내가 어릴 때였다. 나는 어릴 때 소심하고 말을 잘 안 하는 아이였다. 그때 나는 실수로 물건을 손상시키거나 물을 엎지르거나 할 때 엄청 혼이 났다. 어린아이인 나는 무서웠던 것이다. 그리고 나를 위로해주지는 않았다. 어쩔 때는 오빠하고 다투다가 화가 나서 고모방으로 피신을 왔는데 나도 모르게 문을 쾅 닫은 것이다. 그때 고모께서는 나에게 엄청 화를 내셨다. 나는 서운했다. 우는 나의 상황은 물어보지도 않고 대뜸 문을 그렇게 한 나의 행동에 화를 내셨던 것이다. 이런 기억들이 결국 성인이 된 나에게 남았다는 것도 알게 되었다. 어른인 지금도 혼을 낸다고 하면 무섭다. 그래서 실수에 집착했다는 것도 알게 되었다.

살다 보면 자신에게 유독 집착하는 모습이 있다. 그런 모습을 보면 현재의 모습이려니 하고 대충 넘어가거나 아니면 문제의 본질을 못 보고 그냥 자신의 모습만 보지는 않는지 자신을 잘 관찰해야 한다. 자신을 잘 관찰해야 그동안 자신이 어떤 실수를 자주 하는지 알게 된다. 그러면 똑같은 실수를 줄일 수 있다. 자신이 실수했을 때 나오는 습관적인 말들이 있다. 자신이 무슨 말을 하는지만 알아도 평상시에 자신에게 어떻게 대하는지 어느 정도는 파악이 된다. 당장 실수했을 때 바로 파악하기는 어렵다. 하지만 평상시에 자신을 관찰한다면 어느 순간 자주 쓰는 한 단어 정도는 알게 된다. 그 단어를 알게 되면 서서히 자신이 무슨 말을 하는지 알게 되는 것이다. 그러고 그 말버릇만 고쳐도 자신은 보다 나은 모습으로 성장하게 된다. 평상시에 자신에게 부정적인 상처 주는 말을 합니까? 아니면 긍정적으로 응원해주는 말을 합니까?

나는 평상시에 내가 어떤 말을 하는지 몰랐다. 실수했을 때 그 상황만 생각했지 내가 하는 말은 전혀 신경 쓰지 않았다. 심지어 긍정적으로 말을 하고 다녔을 때인데도 전혀 생각도 안 했다. 그랬던 내가 어떻게 실수했을 때 말버릇을 생각을 했을까? 단순한 이유에서 나왔다. 그건 바로 평상시에 내가 내뱉는 말버릇에서 생각이 난 것이다. 평상시에 나오는 말들이 다 무의식으로 생각하는 말이라고 했다. 그 말버릇들이 전부 인생을 좌지우지한다고 한다. 그래서 나는 어느 순간부터 내가 무심히 내뱉는 말버릇을 보던 때였다. 우연히 실수했을 때 무심코 내뱉는 말을 알수 있었다. 그건 '바보'였다. "바보, 그것도 못 해서 실수했어?", "바보같이 그걸 왜 몰라?" 순간적으로 멍했다. 그러다 책을 다시 보게 되었다. 처음 봤던 책의 내용이 생각이 났기 때문이다. 주인공이 그동안 몰랐던 자신에게 했던 말들을 떠올리며 자신에게 사과하는 부분이 있었다. 나는 거기서 알게 된 것이다. 이거구나? 무의식의 말버릇, 실수했을 때 나는 내 무의식의 생각을 연신 드러내고 있었던 것이다. 나는 아차! 싶었다. 왜 이걸 놓치고 있었는지, 정말 중요한 부분인 것을. 그때부터 나는 나를 더욱 유심히 관찰하기 시작했다. 또 어떤 말을 하는지 알고 싶었기 때문이다.

나는 나를 더욱 발전시킨다는 생각에 잔뜩 부풀어 있었다. 하지만 나의 생각과 다르게 더 이상 찾을 수가 없었다. 그 문제에만 집착했기 때문이다. 그 상황에서 나의 행동들만 생각했고, 왜 그랬는지 이유를 찾기 급급했기 때문이다. 그렇게 나는 여전히 똑같이 종일 거기에 매달려 있었다. 그러다 문득 그런 생각이 들었다. 나는 왜 이렇게 여기에 매달려 있는지 돌이켜보며 다시 생각을 해봤다. 여전히 그 문제들만 생각하기를 여러 번, 나는 포기하지 않고 계속 생각했다. 그리고 며칠이 지나고 나서 마침내 알았다. 그건 바로 나의 말버릇 때문인 걸 알게 되었다.

거기서 다는 아니지만 몇 마디는 알 수 있었다. "아니요. 그건 저에게 묻지 마시고 담당자분께 여쭈어보세요.", "저는 그 부분에서 알지 못합니다. 그러니 저에게 묻지 말고 담당자분께 여쭈어보세요." 이렇게 실수했던 당시에 상상 속에서 그 상황에 맞는 말을 하고 있던 것이다. "이렇게 했어야지. 왜 그렇게 못 하고 또 실수를 반복해.", "괜히 도와주겠다고, 혼자 해결하겠다고 나서지 말고 아닌 건 넘겨. 이런다고 너 알아주니? 오히려 화만 내지.", "왜 굳이 나서려고 그래." 그리고 그 상황에 말을 하지 못한 나에게 자책하고 있던 것이다.

나는 왜 거기에 머무르는지를 알게 된 것이다. 당시에 상황을 생각하면서 했던 말들을 이렇게 말을 하고 있는 동시에 나에게 아무렇지 않게 자책을 하고 있기에 나는 거기에 매달려 몇 날 며칠을 낭비하고 있었던 것이다. 나는 순간적으로 헛웃음이 나왔다. 그냥 아무 생각 없이 웃음만 나왔다. 그렇게 웃고 난 뒤에 오히려 개운해졌다. 어떻게 보면 본질적인 문제를 알게 된 것이다. 그리고 이제는 어떤 것이 나올까? 궁금해지기까지 했다.

나는 그렇게 나의 실수에 서서히 관대해지기 시작했다. 그리고 가끔 나에게 다독이기도 한다. "괜찮아. 그럴 수 있지." "다음에는 이런 상황이 오면 이렇게 대처하자. 집착해도 괜찮아. 그러다 알게 되는 거지." 다독이는 날에는 집착에서 어느 정도 벗어나기도 했다.

나는 실수에 대한 공포심이 많이 있었다는 걸 알게 되었다. 그리고 그것이 곧 나와 연관되는 것도 알게 되었고, 결국 다른 문제까지 만든다는 걸 깨닫게 된 것이다. 그리고 제일 결정적인 역할이 나의 생각과 거기서 비롯된 말들의 영향이 제일 크다는 걸 알았다. 그래서 더욱 무서움을 느끼면서도 이걸로 달라지는 힘 또한 느꼈다.

자신의 실수에 너그럽다면 정말 잘하는 일이라고 칭찬하고 싶다. 적어도 자신에게 혹독하게 자책하면서 거기에 매달리는 일은 없을 테니 말이다. 실수는 부끄러움이 아닌 자신을 발전시키는 하나의 도구라고 생각한다. 세상에 실수를 안 하는 사람은 어디에도 없다. 그리스 로마 신화에 나오는 신도 실수를 한다. 그만큼 완벽한 건 없다는 말이다.

성공자들도 역시 실수를 한다. 그래서 시행착오가 생기는 것이다. 하지만 이걸 발판 삼아 교훈으로 삼고 더 나은 결과를 위해 전진한다. 실수해서 자신에게 혹독한 말 대신에 이런 말을 해주면 어떠할까? "실수해도 괜찮아." "더 멋지게 성장한다는 증거야." 자신에게 관대해져서 응원을 해보자. 그럼 용기가 생기고 멋지게 앞을 향해 달리게 된다. 이제는 실수를 기쁘게 받아들이자. 자신이 있는 분야이든, 일상이든 그건 아무래도 상관없다. 크든 사소한 것이든 자신이 멋지게 성장한다는 증거라고 생각하자.

## 두렵다는 건 성장하고 있다는 증거다

　나는 왜 이렇게 같은 자리에만 머물러 살았을까 하는 생각을 종종 했다. 그러면서 지난날을 되돌아봤다. 그리고 생각을 하다 보면 처음에는 그냥 지난날이니깐 이렇게 치부했지만, 그건 아니었다. 나의 두려움 때문이었다. 막상 시도하려고 마음먹으면 바로 눈앞에 현실이 보이기 때문이다. 그 현실과 내 상황은 너무도 일치했다. 그래서 바로 포기라는 마음이 생기는 것이다. 결국 자신에 대한 믿음이 결여된 것이다. 만일에 믿음이 있었다면, 나는 그때도 되든, 안 되든 상관하지 않고 계속해서 달려갔을 것이다. 이 생각들과 눈앞에 보이는 현실들이 나만 그런 생각을 하는 것일까? 생각도 했다. 어쩌면 세상에는 나만 이렇게 생각하고 지낸다는 생각이 더 들지도 모른다.

나는 처음으로 긍정적으로 다가갈 때 저항 때문에 너무 힘들었다. 거부감이 드는 것이다. 처음에는 이 저항을 두려워했다. 하지만 시간이 지나면서 이것 또한 내가 만든 것이고 결국에는 내가 풀어야 할 숙제들인 것을 알았다. 솔직히 정신병자인 줄 알았다. 불안 증세가 계속해서 나오고 그것들이 나를 휘어잡았기 때문이다. 하루도 편한 날이 없었다. 가슴은 심하게 세차게 두근거리고 불안감이 나를 급습했다. 그러면서 자연스럽게 잡생각이 나를 휘어잡았다. 나는 이런 것이 꼭 죽기 전에 거치는 관문처럼 느껴졌다.

포기하고 싶은 마음은 하루에도 수천 번, 그 반대인 마음도 수천 번이 들었다. 그렇게 나는 힘겹게 싸우고 있었다. 그러다 문득 편안해지는 날이 있었고, 더욱 심해지는 날도 있었다. 그러면서 나는 문득 알았다. 내가 두려워하고 있다는 것을. 내가 두려우니 긍정적으로 받아들여지지 않고 더욱 부정적으로 나를 밀어붙인다는 생각이 든 것이다. 그 후로 서서히 아주 조금씩 변화가 시작됐다. 두렵다는 생각을 알고 나서부터 부정적인 생각과 싸우기 시작한 것이다. 툭하면 '나는 안 돼. 너는 할 수 없어.' 이런 말들이 맴돌아도 '나는 그래. 나는 돼. 나는 할 수 있어.' 이렇게 반대의 말로 받아치곤 했다. 그럼 멈출 것 같겠지만 애석하게도 더 심하게 불안감을 조성했다. 마치 경고하는 듯한 기분이 들었다.

매일 나는 가만히 앉아 있질 못했다. 불안함에 몸을 비비 꼬고, 일어서면 불안감에 계속해서 왔다 갔다 하고 그러다 누웠더니 그나마 좀 나았다. 그렇게 누워서 잡생각에 사로잡히면서도 긍정적인 생각을 하려고 노력했다. 어느 순간부터 내가 지금 두려워하는 생각이 무엇인지 찾기로 마음먹었다. 그걸 찾아야 내가 서서히 안정된다는 것을 알게 되었기 때문이다. 너무 집중을 하면 더 이상한 잡생각이 나기에 멈추기를 반복했다. 그러면서 나는 내 두려움을 알기 위해 힘겹게 거기에 파고들기를 여러 번 반복을 했다. 나는 현재 드는 생각에서 계속 물어보기를 반복했다. 질문을 계속해야 답이 나올 것 같은 느낌이 들었다.

나는 솔직히 이렇게 두려움이 많았다는 걸 시간이 지나면서 알게 되었고 놀라웠다. 분명히 처음부터 이렇지는 않았을 것이다. 하지만 작은 것이 모여 결국에는 이렇게 크게 부풀려진 것이다. 그동안 내가 왜 긍정적으로 생각을 하려다가도 멈추기를 반복했는지도 알게 되었다. 나는 외면만 했던 내 생각들을 다시 끄집어낸 것이다.

나는 계속해서 변화를 원했다. 하지만 항상 어김없이 두려움이 먼저 왔다. 나는 처음에 두려움이라는 느낌인 줄 몰랐다. 그저 공포심에서 나오는 불안감, 그런 것들을 두려움으로 생각했지, 이런 감정도 두려움에 속한다는 걸 뒤늦게 알았다. 그렇게 동시에 드는 생각이 '나는 참 감각이 무감각해졌구나' 하는 안도감이 생기는 반면 한숨도 동시에 나왔다.

사람은 저마다 자신만의 두려움이 다르다. 다 같은 생각으로 지내지 않기 때문이다. 이처럼 자신이 두려워하는 순간이 있다. 그건 바로 내가 그동안 걱정했던 모든 것이 내 눈앞에 현실로 나타날 때가 가장 심하다. 그 상황은 왜 오는 것일까? 자신이 만들어낸 생각에서 나오는 거다. 그 생각이 결국 두려움과 공포를 만들고 눈앞에 펼쳐진다. 그럴 때 나는 어떻게 대처를 해야 하는 것이 올바른 선택일까? 두려운 상황이 지속해서 오면 자신이 어떤 선택을 계속하고 반복되는 것은 없는지 알아야 한다.

나는 항상 제일 불안했던 상황이 돈이었다. 제일 심할 때가 대출을 갚아야 하는 날짜가 오면 항상 불안했다. 돈이 항상 부족했고, 대출을 갚기에는 터무니없이 적었기 때문이다. 그때마다 아버지께 돈을 빌렸다. 내 사정을 말하고서 빌리기도 여러 번. 그러다 아버지께서는 종종 화를 내시곤 했다. 나는 항상 미안한 마음이 들었다. 다 큰 딸이 계속 아버지께 빌리고 있으니 답답해하셨다. 카드도 항상 부족해서 돌려막기를 반복하는 날이 더 많았다.
나에게 돈은 항상 부족하고 두려운 존재였다. 그래서 있으면 편안했고, 없으면 불안했다. 있을 때와 없을 때의 차이는 명확하게 나타났다. 그래서 나는 두려움이 더 많았다. 내가 필요에 의해서 받은 대출금과 카드값이 어느 순간부터 내가 감당하기 어려운 정도로 넘쳐나고 있었다. 그럴 때마다 나의 불안은 계속해서 올라오고 초조해지기까지 했다. 이 돈을 내지 않으면 연체인데, 신용불량자가 되면 어떡하지? 이 생각들이 먼저 났다. 안 쓰면 그만이라고 해도 카드값을 대부분 현금서비스를 받아서 돌리기도 했고, 그래도 부족하면 아버지께 종종 빌리곤 했다. 드린다고 약속하고 못 드린 경우도 많았다.

아버지께 항상 미안한 마음이 들기도 했다. 이번에는 다 내가 해결해야지 하면서도 내 마음 한구석에는 아버지께 의지하고 있었다. 그렇게 쳇바퀴처럼 내 생활은 그렇게 흘러갔다. 항상 연체, 신용불량자가 되는 것이 무서웠다. 그건 20살 때 이미 경험을 해봐서 알고 있기 때문이다. 이 두려움이 항상 나를 사로잡았다. 그래서 로또에 집착했는지도 모른다. 이 빚에서 벗어나고 싶어서. 그렇게 위태로운 나의 생활은 이어졌고, 마침내 터졌다. 결국 내가 불안해했던 상황이 온 것이다. 아버지께 도움을 청하고 싶었지만 그러긴 싫었다.

그렇게 대출 한 건이 연체가 되면서 시작이 되었다. 계속되는 전화에 문자 메시지, 카드 정지, 경고 메세지. 그걸 보면서 나는 계속 생각을 했다. 이런 상황에 내가 할 수 있는 일이 무엇일까? 그러다 나는 컴퓨터를 봤다. 그래 지금 이 순간이야. 일단은 내 책을 완성해야 해. 그리고 난 후 차근차근 생각을 했다. 내가 지금 당장 할 수 있는 일을 찾기 시작한 것이다. 그리고 문득 그런 생각이 들었다. '그래. 이 돈은 내가 얼마든지 갚을 수 있어. 당장이라도 갚을 수 있어.' 이런 생각이 들고, 그럴 때마다 나는 책을 계속 읽었다. 그러다가 생각이 났다.

'성공한 사람들은 나처럼 이런 일 겪었어도 다 해결했어. 어쩜 나보다 몇 배나 더한 빚도 있었고, 심지어 도망 다닌 적도 있어. 그런데 다 성공했어. 다 갚았어. 나라고 왜 못 해? 나도 할 수 있어. 지금 상황에 머무르지 말고 더 큰 성공을 위해 나아가자.'

이렇게 마음을 먹으면서 내 마음과 생각이 달라지기 시작했다. 본격적으로 목숨 걸고 매달리기 시작한 것이다. 그리고 막상 마주치니, 가슴은 요동을 치고 불안해도 서서히 담담해지기 시작했다. 나는 책을 더욱 미친 듯이 읽으면서, 앞으로 내가 해야 할 일들을 생각하면서 초석을 다지기로 마음먹었다. 내 믿음이 반드시 답을 줬다는 확신이 들었다.

나는 지금 한편으로는 기분이 좋기도 하다. 그동안 꼭꼭 숨겨서 꺼내기 싫은 진정한 내 두려움을 바라보았고, 덤덤히 마주쳤다. 그리고 오히려 원동력이 되어 더욱 나를 미치게 만들었다. 미친 꿈을 위해 본격적으로 엔진에 가속을 달고 달리기 시작한 것이다.

나는 두려움을 본다는 것이 힘들었다. 하지만 어느 순간 깨달았다. 이 상황은 반드시 오고 내가 직면해야 한다는 것을. 그리고 이걸 극복해야 한다는 사실을. 그동안 여러 번 고비가 왔지만 나는 직면하지 않았다. 오히려 일단 벗어났다는 안도감과 동시에 다음을 걱정하기를 여러 번이었다. 하지만 막상 눈앞에 상황을 보니 예전과 많이 다르다는 걸 알게 되었다. 비록 상황은 이렇지만 나는 내 미래를 위해 달릴 일이 있었고, 지금 진행 중이었다. 어쩌면 더 빨리 이루고 달려야 하는데 느렸던 나에게 혼을 내는 것 같아 보이기도 했다.

그리고 서서히 알았다. 두렵다는 생각을 가진다는 건 결국 나를 성장시키기 위한 발판이라는 것을 지나고서 알게 되었다. 처음에 부정적인 생각이 가득 차 긍정적인 생각을 못 받아들일 때도 이것만 받아들이면 살 것 같다는 느낌에 이를 악물고 했다. 그리고 해냈다. 그때는 이것보다 더한 공포와 두려움이 가득했다. 하지만 지금은 더 나은 삶을 확신하고 달리고 있다. 두렵다는 건 결국 내가 그만큼 성장하고 있는 증거가 됐다. 지금 현재가 두려운가? 나를 성장시키는 시간이라고 생각하자. 그럼 더 나은 내일이 기다리고 있다.

# 03

## 나에게 어울리는 좋은 책이 있다

흔히들 취미로 많이 떠오르는 단어 중 하나가 독서이다. 그런데 과연 진짜로 읽어서 독서가 취미일까? 나는 자기소개서를 기재할 때 딱히 떠오르는 것이 없으면 그냥 독서라고 쓴 기억이 있다. 독서에 대해서 집중적으로 물어보지도 않고 그냥 그런가 보다 넘기는 경우가 많기 때문이다. 주위를 보면 나처럼 하는 사람도 있었다.

그만큼 친숙하면서도 막상 하기 어려운 게 독서다. 대부분 이야기를 들어보면 공통된 말이 있다. 시간이 없어서. 막상 읽으려고 하면은 안 읽어진다. 이런 말들이 가장 많았다. 그렇다면 왜 그런 말이 나올까?

정말 독서가 취미인 사람들은 어떻게든 읽는다. 그리고 즐긴다. 그리고 책을 통해 느끼는 점을 알아가는 재미도 느낀다. 책으로 찾는 자신만의 즐거움을 알게 되어 거기에 푹 빠지게 되는 것이다. 나도 처음에는 독서가 취미인 건 아니었다. 심지어 거들떠보지 않았다. 그랬던 내가 어떻게 책을 읽게 되었을까? 그건 호기심에서 읽은 책 한 권이 나의 인생을 바꿔놓기 시작한 것이다. 일단 책 제목부터가 독특했다. 호기심에 책을 읽어보았다. 그랬더니 생각 외로 재미가 있었다. 그렇게 호기심으로 시작한 것이다.

그 책을 시작으로 다음 책을 읽게 되었고 계속해서 읽다 보니 점점 재미도 있고, 그래서 다른 책들도 보게 됐다. 그런데 재미있기보다는 지루했다. 이걸 언제 읽나 생각만 했다. 그래도 다행인 건 계속해서 읽던 습관이 있어서 읽게 되는 것이었다. 정말 지루하게 생각하면서 읽었다. 마침내 끝이 났고 나는 다시는 그 책을 읽지 않았다. 그리고 의문이 들었다. 이상하다. '진짜 좋다고 해서 읽은 책인데 나는 왜 별로지? 지루하기만 하지?' 이렇게 생각하던 중에 문득 생각이 났다. 이건 추천 도서였다. 다 그런 건 아니지만 추천 도서라고 해서 읽으면 대부분 내가 왜 읽는지 모르겠고 지루하기만 했다. 어떤 책은 읽다가 말고 내팽개치다가 어디론가 홀연히 모습을 감추곤 했다. 아니면 다른 사람에게 주든가 했다. 책에도 나에게 맞는 책이 있다는 걸 알게 된 것이다. 그 후로 나는 무조건 추천 도서를 사지 않았다. 정말 좋은지 아닌지 확인을 했고, 별로라는 느낌이 들면 다른 책을 찾아보기도 했다. 그러다 얻은 책도 있었지만, 대부분 별로였다. 그래서 이제는 추천 도서를 구매한다고 하면 더욱 치밀하게 알아본다. 시행착오가 많았기에 그만큼 꼼꼼히 보게 된 것이다. 그리고 생각지도 못한 책에서 발견하는 재미란 이루 말할 수 없다.

나는 자신에게 맞는 책을 읽어보라고 권한다. 일단 자신이 끌리는 책부터 시작해야 한다. 자신이 끌리는 책으로 시작하다 보면 재미없을 수도 있지만 그래도 보게 된다. 그렇게 읽다가 다른 책이 눈에 들어오면 구매해서 보는 방법으로 꾸준히 독서를 하게 되고 금방 재미가 있어진다. 자신이 끌린다는 것은 어쩌면 자신에게 지금 필요해서 무의식이 그 책을 끌어당기는 효과도 있다고 나는 생각한다.

자신에게 맞는 도서를 선택하길 권장한다. 예를 들어 인테리어에서 소품을 알아야 할 때 인터넷으로 검색도 하겠지만, 책도 같이 보게 되고 공부하게 된다. 모든 지식의 복합체로 책만 한 게 없기 때문이다. 그래서 책 읽고 찾고 공부하는 것이다. 그러다 보면 여러 가지 책을 보게 되고 자연스레 독서로 가게 된다.

나 같은 경우에는 부정적인 생각을 그만하고 밝고 행복하게 살고 싶었다. 그래서 방법을 찾던 중에 우연히 한 웹에서 본 책으로 시작해서 여기까지 왔다. 나는 나에게 맞는 자기계발서 책으로 독서의 길로 가게 된 것이다. 이처럼 자기에게 맞는 책은 반드시 있다. 나는 다시 독서를 시작한다면, 자신이 끌리는 책부터 읽기를 권장한다.

독서가 취미인 사람들을 보면 정말 많은 책을 읽는다. 100권은 기본이고 1,000권 2,000권 많게는 2만 권을 읽는 사람도 있다. 그런 사람들을 보면 나 역시 눈이 커지고 입이 쩍 벌어진다. 거기에 비하면 내가 읽은 책은 너무도 적은 숫자다. 그 사람들에게 명함도 못 내미는 수준이다. 그래서 책을 많이 읽어야 하나 고민도 했다. 그렇게 해야 깨달음을 많이 얻는다고 생각했기 때문이다. 그러나 이건 나의 착각이라는 것을 시간이 지나면서 알게 되었다.

나는 무조건 책을 많이 읽어야 한다는 생각에 사로잡혀서 이것저것 책을 읽었다. 그렇지만 처참한 실패였다. 지루하고 재미없고 오히려 책을 멀리하게 되었다. 그래서 의문이 들었다. 왜 그런 걸까 생각하던 중에 알게 되었다. 첫 번째는 내가 끌리는 책이 아니었고, 두 번째는 내게 필요한 책이 아니었다. 세 번째는 추천 도서라기에 좋을 것이라는 막연한 생각으로 그냥 산 것이었다. 그리고 다시 내가 처음으로 본 책을 봤다. 그 책을 바라보면서 곰곰이 생각을 해봤다. "나는 이 책은 재미있게 봤고 열심히 따라 했는데 이런 느낌이 오는 책들이 거의 없네?" 그렇게 생각하면서 다시 유심히 보면서 알게 되었다. 일단 책이 쉬웠다. 그리고 내가 알기 쉽게 설명을 해주었다. 따라 했더니 어느 정도 효과를 봤다.

다음 책을 봤다. 이 책 역시 어느 정도 쉽게 설명이 잘되어 있었고 따라 하기 쉬웠다. 이 책 역시 크게 효과를 본 건 아니지만 어느 정도 효과를 봤다. 그리고 공통점을 발견하게 되었다. 내가 끌리고 알기 쉽게 설명이 되고 따라 하기 쉬운 책인 것이다. 나는 그때부터 더 이상 책을 많이 읽는 것을 포기했다. 그리고 한 권이라도 제대로 읽고 제대로 실천하자 마음 먹었다. 양보다는 질을 선택한 것이다. 나는 부정적인 생각을 긍정적으로 바꾸고자 하는 마음이 컸기에 거기에 맞는 책을 선택해서 읽게 된 것이다.

처음에는 『2억 빚을 진 내게 우주님이 가르쳐준 말버릇』(저자 고이케히로시, 나무생각)을 시작으로 다음으로 『자기 사랑』(저자 로렌스 크레인, 가디언)을 계속해서 읽고 거기에 나오는 말버릇이나 기법을 따라 했다. 처음에는 별 효과가 없는 것 같더니 시간이 지날수록 서서히 먹히는 걸 느끼게 되었다. 기존에 있던 책이나, 오빠 책을 보기도 했지만 멈추고 철저하게 두 책만 보면서 지냈다. 그러면서 점점 재미를 들이고 그러다 다른 책도 서서히 보게 된 것이다. 그러면서 독서의 재미에 푹 빠졌다.

지금은 나에게 필요한 책들이 점점 늘어나고 있다. 지금 내 상황에 맞는 책을 골라서 읽고 공부하기 때문이다. 그렇다고 이것저것 막 읽는 건 아니다. 나에게 도움이 될 만한 책을 추가해서 보고 있다. 지금도 여전히 부정적인 생각이 문득 들 때 긍정적으로 생각하려고 노력하고 있고, 거기에 맞는 책을 보면서 공부한다. 배움은 끝이 없다고 말한다. 나 역시 공감한다. 나는 지금도 더 나은 삶을 위해서 꾸준히 인생 공부를 즐겁게 하고 있다.

　책이 주는 즐거움은 생각보다 더 크다. 거기서 내가 어떤 마음으로 바라보고 어떤 생각을 가지면서 지내는지를 알게 되고 점점 긍정적으로 변하는 나 자신을 발견할 수 있다. 책을 읽기 전에는 나는 세상을 다 산 사람이었다. 그만큼 부정적인 생각들로 가득 찼고, 사람들과 어울리는 것을 꺼리기도 했다. 하지만 지금은 사람들과 이야기를 하면 과거에 내가 그런 사람인지 아는 사람은 없다. 그만큼 큰 변화를 주는 것이다.

　나는 책은 무조건 많이 읽어야 한다고 생각했다. 하지만 이 모든 건 나의 편견이었고, 마치 작은 우물 안에 갇혀서 위에 하늘만 바라보는 우물 안에 개구리였다. 나에게 맞는 책 한 권이 나를 계속 바뀌게 해주는 걸 알게 되었다. 읽었던 부분이라도 다시 읽게 되면 또 다른 느낌과 다른 정답을 알려주었다. 매일 새로운 인생을 사는 기분이 들었다. 똑같은 현실이라도 점점 다르게 보이고 다르게 느껴진다는 것을 알 수 있었다.

사람은 저마다 자기만의 방식으로 책을 읽고 거기서 깨달음을 얻는다. 그리고 자신의 인생이 점점 변화됨을 느끼고 거기에 자신이 맞는 책을 읽게 된다. 그러면서 재미를 붙이면서 즐거워지고, 자신의 삶을 좀 더 풍요롭게 사는 힘을 가지게 된다. 당신이 책을 읽고 변화를 얻고자 한다면 나는 자신이 끌리는 책부터 읽으라고 권하고 싶다. 그래야 읽는 재미와 동시에 삶의 활기를 찾게 된다. 그리고 원동력을 가지게 된다. 그럼 자연스레 자신에게 어울리는 책을 만나게 된다.

정미숙 작가의 『평범한 사람도 특별하게 만드는 독서의 기적』(한국경제신문)의 구절이 문득 떠오른다.

"마음에 끌리는 책을 읽다 보면 자연스레 내 삶과 연결되는 책을 발견하게 된다. 그리고 나의 일과 삶에 적용할 수 있다면 치열한 경쟁 사회에서 최후의 승자가 될 수 있다."

## 더 이상 착하게 살지 말자

어릴 때 자주 듣는 말은 착하게 살아야 한다. 착하게 살아야 복을 받는다. 엄마 아빠 말 잘 듣고, 자라야 한다. 그리고 착하게 살아야 복 받는 전래동화도 많다. 그런데 현재 이 시대에 착하게 살아야 복을 받는 걸까 하는 의구심이 들기도 했다. 착하면 사람들이 좋아한다. 그런데 과연 진심으로 좋아할까 생각도 했다. 착한 사람도 가끔은 이기적인 생각을 하지 않을까 하는 여러 생각이 든다. 나는 착한 사람이 진심으로 마음에서 우러나와서 하는지 생각을 해볼 필요가 있다고 생각을 한다.

드라마나 동화에서 보면 주인공들은 다 착하다. 그리고 성공한다. 나는 착하게 살면 성공하고 잘 사는 줄 알았다. 그런데 자세히 보면 착한 사람들을 소위 바보라고 많이 한다. 왜 착한 사람은 바보 소리를 듣고 잘 살지 못할까? 나는 성인이 되면서 궁금해지기 시작했다. 왜 착한 사람들은 힘든 삶을 살지? 착한 사람들 주변에는 좋은 사람들보다 이기적인 사람들이 더 많지? 왜 착한 사람들은 항상 당하고만 살지? 이 생각들이 나를 혼란스럽게 만들었다. 흔히 말하는 착한 사람이라는 소리를 내가 듣고 있기 때문이다.

나는 진심으로 착한 사람인지, 아니면 착하지 않은데 착한 척하면서 지내는지 생각을 했다. 내가 어릴 때부터 들었던 말은 착하다는 소리였다. 어릴 때는 그런가 보다 했다. 그런데 시간이 지나면서 '유진이는 착하니깐.' 이 소리를 듣는데, 부담스러워지기 시작했다. 그리고 그 소리가 나에게 당연하고 꼬리표가 붙는 기분이었다. 부탁을 하면 나도 하기 싫거나 거절하고 싶을 때가 많았다. 거절하면 사람들이 어떻게 나올지 몰라서 부탁을 종종 들어주곤 했다. 그럼 어김없이 '역시 유진이는 착해서 들어들 줄 알았어.' 이 말이 나왔다.

'나는 왜 거절도 못 하고 들어주는 사람일까? 착하면 무조건 다 들어주고 맞춰줘야 하나?' 생각이 들었다. 나는 의문이 드는 동시에 답을 찾지도 못하고 있었다. 그러다 우연히 책을 보면서 알게 됐다. 흔히 말하는 착한 사람 콤플렉스인 것이다. 나는 착하기는 해도 그렇게 착한 사람은 아니었다. 그런데 나는 착한 사람으로 기억되고 싶었던 것이다. 그래야 복을 받고 성공한다고 믿었기에. 하지만 현실은 착하다는 이유만으로 들어주고 해줘야 했다. 마치 당연하듯이 너는 그렇게 살아야 한다고 말해주는 듯이 그러면서 알게 된 것이다. 착하게 살지만 무조건 착하게 사는 것만이 답이 아니라는 것을.

착해서 무조건 이해하고, 착해서 무조건 들어줘야 하고, 착해서 무조건 맞춰줘야 한다. 그런데 이건 무슨 논리인가. 착하게 살면 존중해줘야지 옳지 않은가. 착하게 살면 인생을 초월한 신계에 있어야 하는 존재 같았다. 모든 걸 해탈한 초인 같은 그런 삶을 강조하는 것이다. 그런데 더 웃긴 건 착한 사람은 어떤 일을 당해도 이해하고 넘어가줘야 한다는 게 당연한 일이란 것이었다.

나는 나에 대해서 생각을 하기 시작했다. 왜 나는 착한 사람으로 지내야 하는지. 꼭 이렇게 살아야 착한 사람인지. 때로는 착한 사람도 자기감정을 내세우는데 그러면서 고민을 하는 시간도 적지 않았다.

흔히들 착한 사람이 되고 싶어 착한 사람 콤플렉스를 가지고 사는 사람이 있다고 한다. 그렇다면 진정으로 착한 사람으로 사는 삶이란 무엇일까? 어떻게 살아야 진정한 착한 사람으로 사는지 생각을 하게 한다. 나도 착한 사람으로 살다가 회의감이 오고 혼돈이 왔기 때문이다. 착한 사람이라는 소리를 듣는 사람은 나처럼 정체성의 혼란이 오지는 않을까 생각도 들었다. 나는 진짜 착한 사람인지, 아니면 착한 사람이 되고 싶어 하는 사람인지….

요즘 시대에 착한 사람은 흔히 말하는 호구라고 말한다. 바보같이 당하면서 또 당한다고 그렇게 말하는 사람들에게 가끔 물어보고 싶기도 했다. 당신은 그래서 착한 사람을 호구라고 생각해서 이용하고 있냐고? 그 사람이 알면 상처받는다는 생각은 안 드냐고? 과연 착하게 사는 것만이 능사인지? 아니면 어떠한 삶이 진짜 삶을 사는 건지 생각을 해본다. 그리고 착한 사람이 호구라는 말을 듣는 이 시대가 슬프기도 하다.

나는 드라마에 나오는 여자 주인공이나, 소설에 나오는 여자 주인공을 보고 화를 내기도 했다. 왜 그렇게 바보같이 당해? 왜 한마디도 못 해? 왜 질질 끌려다녀? 내가 그 상황인 것처럼 화를 내곤 했다. 그런데 가만 생각해보니 내가 살고 있는 삶을 영화로 만든다면 나는 쌍욕을 듣고 있겠다는 생각을 들었다. 진짜 답답하게 살고 있다. 그걸 몰라? 이렇게 계속 욕을 들을지도 모른다. 나는 착한 사람 소리를 들어서 그런지 그냥 넘기는 일이 많았다.

나는 친하게 지낸 친구가 있었다. 처음에는 흔히 하는 말로 사람이 좋아 보였다. 그리고 승부욕도 있고, 당당히 말하는 모습이 멋져 보였다. 그래서 친하게 지내고 싶었고, 그런 마음이 통했는지 우리는 친해졌다.

하지만 친하게 지낼수록 그가 짜증 내는 일이 종종 있었다. 무슨 일을 했을 때 그게 마음에 들지 않으면 종일 짜증 내는 것이었다. 처음에는 그러려니 했는데 갈수록 심해졌다. 결국엔 못 참고 화내는 경우도 있었다. 하지만 이건 결국 사소한 일각에 불과한 걸 그때 나는 몰랐다.

시간이 흘러서 그에게 잘못한 일이 있었다. 그는 나에게 심하게 화를 냈다. 처음에는 이해했지만 이게 며칠을 물고 넘어질 일인가? 생각도 들었고, 들을수록 나한테 훈계를 하는 것이다. 그렇게 계속 화를 내다가 속이 시원한지 멈추었다.

나는 어느 순간부터 이 친구의 눈치를 봐야 했다. 조금이라도 화가 나면 어김없이 늘어지고, 불같이 화내고 며칠을 받아줘야 직성이 풀리기 때문이다. 하루는 참다못해 말한 적도 있었다. 나는 친구인데 왜 자꾸 아랫사람 대하듯이 훈계하냐고, 내가 너 동생이냐고. 그렇게 말을 하면 내가 일부러 그런 게 아니라 화가 나면 자기도 모르게 이런다고 계속 핑계를 댔다. 나는 계속 이해해야 했다. 사람이 다 같은 건 아니니깐.

그렇게 몇 년이 흐르면서 이 친구는 점점 도를 넘는 정도가 심해졌다. 자기 비위를 못 맞추면 불같이 화내고 심지어 막말을 하기 시작한 것이다. 나는 참았다. 내가 반박하면 성격이 이상하다고 나를 몰아세웠다. 자기는 다 맞고 너는 다 틀리다. 너가 성격이 이상한 거라고 말을 했다. 나는 진짜 궁금했다. 내가 이상한 것인지. 그래도 친한 친구였기에 이해하고 다독여줬다. 하지만 이 친구는 도를 점점 넘어섰고, 고민을 얘기해서 들어주고 조언해주면 그런 거 아니라고 화를 내고 자신의 얘기만 했다. 그렇게 며칠을 종일 시달렸는지 모른다. 듣기만 하면 다른 친구는 이렇게 조언해주는데 너는 왜 가만히 듣기만 하냐고 하기도 했다. 조언해준 이야기를 들어보면 다 내가 한 이야기다. 그걸 얘기하면 또 틀리다고 얘기했다. 나는 지쳐갔다.

　그렇게 지쳐서 결국 나는 폭발했고, 다시는 보기 싫었다. 그래서 완전 남으로 친구도 아닌 사이로 끝을 냈다. 그리고 오랜 시간을 나는 상처받은 상태로 치유도 못 하고 6년을 상처를 안고 살았다. 그 친구로 끝이 난 줄 알았는데 막말을 하는 사람은 남자친구로도 이어졌다.

　남자친구에게 나는 여자도 아니라는 생각이 들었다. 길 한복판에서 욕을 들을 때 기분, 항상 나를 낮게 보는 기분, 무시하는 말투, 그걸 느낄 때마다 나는 정말 이렇게 상처를 받고 살아야 하나 생각했다. 그리고 더

비참한 건 그걸 가만히 듣고 있는 나 자신이었다. 내가 왜 이렇게 살아야 하는지. 내가 그렇게 하찮은 존재인가? 생각도 들었다. 지금 돌이켜보니 알게 되었다. 그건 바로 나 자신한테 자신감이 없었다는 것을. 나 스스로가 자신감이 없어 그런 사람들만 불러들였고, 내세울게 없던 나는 착한 사람이 된 거였다.

사람은 본성이 나쁘다고 할 수는 없다. 누구나 착한 마음을 가지고 태어난다. 하지만 상처를 입어가면서 사람은 변하게 되는 것이다. 하지만 사람을 만만하게 보거나 무시하거나 비하하면 안 된다. 당사자는 별생각 없이 내뱉는 말에 당하는 사람은 계속 상처가 응어리로 남게 되기 때문이다. 그리고 대물림을 받는다고 생각한다. 착한 사람은 착한 사람만의 고충이 있다. 우리와 같은 사람이기 때문이다. 하지만 착하다고 해서 무조건 받아줘야 한다는 생각은 이제는 버려야 한다. 착한 사람이 화가 나면 더 무섭다는 말이 괜히 나오는 말이 아니기 때문이다. 계속해서 상처를 받다가 결국에 참지 못하고 나오는 응어리기 때문이다.

나는 진정으로 착한 사람으로 살아가는 것에 대한 생각을 지금도 계속한다. 나에게 주어진 삶의 과제 같기 때문이다. 하지만 무조건 착한 사람의 삶은 이제는 사절이다. 나도 당당히 거절도 할 줄 알고, 무조건 상대방에게 맞추는 건 이제는 사절이다. 나는 더욱 당당하게 자신감을 가지고 내 인생을 개척하고 살아간다. 그리고 진정한 나의 인생을 살기 위해서는 착한 사람의 그늘에서 벗어나야 한다. 그래야 온전히 자신의 인생을 즐길 줄 안다. 이제 더 이상 착하게 살지 말자. 나답게 당당하게 자신감으로 삶을 즐겨야 한다.

## 서툰 감정에 길 잃은 사람들

　사람은 누구나 순수하게 태어난다. 하지만 아기가 어린이가 되고 청소
년기를 거쳐 성인이 되기까지 성격은 다양하게 변한다. 가정환경에서 바
뀔 수도 있고, 아니면 학창 시절, 성인이 돼서 사회생활을 하면서 바뀌는
경우가 많다. 그런데 성인이 돼서 감정에 서툰 사람들이 의외로 많이 있
다. 이유는 무엇일까? 무엇 때문에 감정 표현이 서툴러졌을까? 사람마다
각자 다양하게 이유는 많다. 나는 언제부터 감정에 서툴렀을까? 곰곰이
생각했다.

　나는 어릴 때는 지금과 완전히 다른 성격이었다. 내성적이고, 낯도 많

이 가리는 아이였다. 그래서 친한 아이들하고는 잘 놀았지만, 낯선 아이하고는 잘 어울리지 못했다. 지금의 나를 보는 사람은 예전의 나의 성격을 말해주면 놀라기도 한다. 지금과 전혀 다른 모습이기 때문이다. 나는 어릴 때는 대식구였다. 큰고모네 식구들, 막내 고모, 할머니, 사촌 동생, 우리 식구들, 이렇게 세 식구가 한 집에서 살고 있었다. 나는 내성적이어서, 집에서는 조용히 있었다. 하지만 외갓집에 가면 나의 성격은 정반대였다. 거기서는 엄청 까불고, 활달하게 노는 평범한 여자아이였다.

나는 말이 빠르고 거기다가 말까지 더듬는 아이였다. 무슨 말을 하고 싶어도 말을 더듬어서 말을 하기 힘들었다. 거기다가 더듬기까지 하니 더 심했고, 내 말을 잘 못 알아들었다. 그래서 외갓집에서 나를 가장 예뻐하시던 사촌 큰 형부는 종종 이런 말을 하셨다. "유진 처제, 말이 너무 빨라서 못 알아듣겠어. 말 좀 천천히 말해주면 안 돼?" 나는 그때 내 말이 빠른지 인식을 하지 못했다. 그때마다 나는 삐쳐서 입이 쭉 나와서 중얼거리곤 했다. 외가, 친가, 우리 식구들 나랑 친했던 애들은 그렇게 내 말에 대해서 별로 신경을 안 써서 그런지 나는 말더듬과 말이 빠른 것에 대해서 심각성을 느끼지 못했다.

심각성을 느끼기 시작한 건 초등학교 4학년이 넘어가면서부터였다. 그때 새로 전학 온 아이가 있었다. 처음에는 상냥하고 착해 보였다. 그래서 좋은 느낌을 가지고 있었다. 하지만 시간이 조금씩 지나면서 본성이 드러나기 시작했다. 그 아이가 나를 괴롭히기 시작한 것이다.

그 당시에는 어려서 못 느꼈지만, 지금 생각해보면 아기일 때부터 알고 지낸 사이라서 그런지 나랑 가장 친한 친구와의 우정에 질투가 심했다. 그 아이는 소유욕도 엄청 강하고 집착이 강한 아이였다. 그 아이는 내가 말을 더듬고 말이 빠르고 내성적이어서 아무 말도 못 하는 것을 보며 나를 만만하게 본 것 같았다. 그 아이의 정말 심한 괴롭힘에 학교를 가기 싫었다. 전학 가고 싶었다. 그 아이가 너무 미웠다. 그때의 충격이었을까? 나는 빨리 벗어나고 싶었다.

그 뒤로 사람에 대한 경계심이 생겼다. 애들하고 어울리기 싫었다. 그리고 말을 더듬으니 나를 또 만만하게 보는 게 싫어서 말을 안 하기 시작했다. 말해도 간단하게 말을 하고 조용히 지냈다. 중학교 시절에는 감사하게도 좋은 친구가 생겨서 그 친구와 어울리면서 자연스럽게 다른 아이들과 어울렸고 말도 많이 하고 밝게 지냈다. 하지만 중학교를 졸업하고 나서 실업계 여고로 가면서 나는 다시 원래의 나로 돌아왔다. 나는 다시 과묵한 아이가 되었다. 그렇게 나는 점점 감정에 메말라가고 있었다.

나는 말더듬이 사람을 얼마나 답답하게 하고 의기소침해지는지 절실히 알고 있다. 거기다가 말까지 빨리 하다 보니 나는 말을 거의 하지 않아서 어느새 말을 하지 않는 게 편했다. 그러면서 자연스럽게 감정을 내비치지 않았다. 그렇게 나는 감정 표현에 대해서 점점 서툴게 되었고, 사람들과 만나서 이야기를 하면 무슨 말을 해야 하는지 몰랐다.

감정이 없던 사람이 갑자기 감정을 드러내려고 하면 힘이 든다. 서툴고 막상 하려고 하면 어떻게 해야 하는지 모르기 때문에, 어설픈 감정 표현을 하고는 한다. 그럼 당사자도 상대방도 당황한다. 거기에 후회까지 하고 다시 용기를 내기가 어지간해서는 힘이 든다. 혹시라도 어설프게 감정을 표현하는 사람이 있다면, 자연스럽게 받아주고 용기를 주면 그 사람은 힘을 내서 열심히 노력하고 그러다 자연스럽게 자신의 감정을 잘 표현하고 그러지 않을까 생각했다. 어린아이가 성장하는 것과 같다고 생각했기 때문이다.

나는 말더듬을 고치기 위해서 사람들이 나에게 제일 많이 했던 이야기를 생각했다. 빠르다. 버벅거린다. 어쩌면 말이 빨라서 더듬는 건 아닐까 생각했다. 하지만 그건 착각이었다. 말을 느리게 해도 말을 버벅거렸다. 정말 연습을 많이 했다. 드라마를 보면서 대사를 따라 하기도 하고 말을 천천히 하면서 말더듬에 신경을 쓰고 볼펜을 입에 물고 연습도 했다. 그렇게 나는 성인이 되면서도 계속 노력을 했고, 마침내 말더듬에서 어느 정도는 해방이 되었다. 하지만 더 큰 산이 기다리고 있었다. 그건 감정이었다. 어릴 때부터 시작된 감정 결여, 나는 당황스러웠다. 말더듬이 어느 정도 고쳐졌어도 감정을 잘 전달하지 못하는 것이었다.

나는 흔히 말하는 애교도 없었고, 그렇다고 화를 내는 성격도 아니었다. 항상 무뚝뚝하고 말이 없고 주로 하는 말은 "응.", "아니.", "몰라." 이세 마디가 거의 전부였고, 설상가상 웃지 않으면 차가워 보이는 얼굴이었다. 그래서 오해를 많이 사기도 했다. 나는 이미지만 차가운 사람이지 실상은 따뜻한 사람인데, 그저 감정 표현이 서툴러서 말을 잘 못하는 것뿐인데 억울한 경우도 많았다. 그럼에도 친한 친구들이 있어서 나는 참 다행이었다.

나는 항상 사람들과 잘 어울리고 인기가 많은 내 친구들이 부러웠다. 내 친구들을 보면 귀여워하고 예뻐하는 것이 눈에 보였다. 거기다가 자신감은 넘치니 더욱 부러웠다. 남자들한테도 인기가 많았고, 나는 비결을 물어봐도 그냥 하는 거라고 비결은 없다고 그냥 상대방이 좋아할 것 같은 것을 한다는 말을 해서 서운하기도 했지만, 거짓은 아닌 것 같았다. 그냥 자연스럽게 나오는 것이었다. 그것을 보면서 친구들을 따라 하기도 했다. 하지만 표정은 굳어 있고 말투만 친구들을 따라 하니 사람들의 반응은 영 아니었다.

나는 몰랐지만 내가 털털하다는 것을 20대에 알게 되었다. 나는 동갑이든, 동생이든, 오빠들이든 나를 여동생보다는 같은 동성 친구, 형, 남동생 같은 사이로 지내곤 했다. 여성스럽게 행동하면 안 어울린다고 질색팔색했다. 나는 종종 씁쓸한 기분이 들기도 했다. 나도 여성스럽고 애교 있는 귀여운 여자이고 싶었고, 어느새 나의 로망이 되어버렸다.

나는 조금씩 변화하면서 지냈다. 그리고 생각지도 못한 다른 난관에 부딪히게 된 것이다. 사람들이 감정이 격해져 화나거나 슬프거나 기쁘거나 그러면 거기에 맞는 대답을 해줘야 하는데 어떻게 말을 해야 하는지 당황했다. 기쁘면 같이 기뻐하고 축하해주면 되는데 문제는 상대방이 화가 났을 때, 슬플 때 어떻게 위로해줘야 하는지 몰랐다. 나는 그런 상황이 오면 당황스러웠다. 어떻게 말을 해줘야 하나? 상대방의 이야기를 듣고 그걸 말하면서 위로하면 오히려 더 화내는 경우가 많아서 그냥 들어주기만 했는데 그게 어설픈 위로보다는 더 나았다. 나는 매번 이럴 때마다 곤혹스러웠다.

나는 왜 이렇게 유난히 감정에 서툰지에 대해 고민을 많이 했었다. 도대체 원인이 무엇인지, 알 수가 없었다. 하지만 지금 돌이켜보니 나는 어릴 때부터 시작된 걸 알게 되었다. 어린아이가 표현할 나이에 표현은 하지 못하고 우물쭈물하고 있으니, 그게 자라면서 성인이 되어도 결국에 똑같은 자리에 머물러 있던 것이다. 나는 아직 어린아인 것이다.

성인이 되면 다 표현도 잘하고 감정도 서슴없이 드러내는 줄 알았다. 항상 당당하고 무엇이든지 다 해결하고, 능력도 많아 돈도 많이 벌어서 펑펑 쓰고 살고 다니는 줄 알았다. 하지만 성인이 되면서 오히려 감정에 더 말라간다는 걸 알게 되었다. 사람들을 보면 참 다양한 성격을 가지고 다양한 감정을 가지고 지낸다는 걸 알게 되었다. 나처럼 서툰 사람들, 서툴러서 과묵한 사람들도 있었다. 이유를 물어보면 대답은 대부분 비슷했다. "글쎄." "살다 보니 이런 것 같네." 이런 대답을 들으면은 참 많은 생각이 들었다.

자신이 왜 그렇게 됐는지 아는 사람보다 모르고 그냥 자신의 인생이거니 생각하는 사람들이 더 많다는 것에 정말 놀랐다. 그리고 자신의 감정을 알아봐주길 내심 기대하는지도 모른다고 생각을 했다. 성인이라도 때로는 어린아이 같을 때가 있곤 하다. 나 역시 감정은 아직 성장하지 못한 어린아이라서 당황하고 서툴다고 생각한다. 그래서 감정이 기복이 심하고, 후회하고 방황하는지도 모르겠다. 서툰 감정에 힘들어 지금 길을 헤매고 있는가? 그럼 자신의 서툰 감정을 바라봐주고 달래주면서 함께 이겨내보자. 그럼 잃어버린 길에서 원래의 길을 찾아 함께 앞으로 나아가기 때문이다.

## 좀 더 나에게 솔직해지자

나는 그동안 나 스스로 감정에 솔직했는지 생각했다. 이제는 나의 인생의 주인공으로 살겠다고 선언하면서 나는 주인공으로 살고 있는지 아니면 다른 사람의 상황을 보고 이해만 하고 내 감정에는 소홀했는지 생각을 했고 고민도 했다. 그런데 자꾸 상대방을 이해하려고만 하고 그 상황을 인정하면 솔직히 당장은 편했다. 하지만 나는 몰랐던 것이다. 내가 점점 힘이 들고 지쳐간다는 것을. 그렇게 나도 모르는 사이에 내 마음은 지쳐만 갔다. 나는 순간적으로 왜 이렇게 나는 지쳐가는 걸까 의문이 들었다. 나는 사람들과 만나면 내가 아닌 다른 사람을 생각하고 이해하고 배려해주었다. 다 상황이 다르기에. 그런데 내가 이해를 하면 할수록 그걸 당연하게 여기는 경우를 종종 봤다. 그래서 이렇게 생각해주는 것도 소용없어 보였다. 연애도 그랬다. 연애할 때 상대방의 입장을 보고서 많이 존중해줬다. 그런데 시간이 지나면서 모든 게 당연했고, 나는 당연하게 이해해주는 입장이 되었다. 이런 게 사랑일까 생각도 들었다. 그러기를 반복했다. 나는 점점 내가 이렇게 해주는 일이 의미 없어 보였고, 그렇다고 이기적인 사람이 되는 것도 싫었다.

항상 숙제처럼 남은 문제였다. 그러다 알게 되었다. 너무 상대방만 신경 쓴 것을. 상황을 알다 보니 이해를 해야 했고, 반면에 내가 서운한 감정은 묵히게 되는 것이었다. '하~, 이렇게 지내는 게 과연 내가 행복한 삶일까? 이게 내가 바라던 삶일까?' 점점 회의감이 들었다. 사람 관계가 가장 힘들다더니. 결국 주변도 애인도 다 똑같아 보였다.

남자친구와 사이는 너무 좋았지만 잘 만나지 못했다. 일반 직장인도 아닌 직업을 가진 사람이기에 이해했다. 너무 바쁘고 과로로 몸이 안 좋아서 병원에 가는 일이 종종 있었다. 미팅도 너무 많아서 길어져 약속을 미루기를 반복했다. 진행하던 일에 문제가 생겨서 거기에 매달리다 보니 시간이 없었다. 나는 이해했다. 일부러 그런 것도 아니고 상황이 상황인지라 나에게 항상 미안해했다. 나도 그런 그를 보면 안쓰럽고 빨리 일이 안정이 되고 상황이 좋아져서 잘 풀리기를 바랐다. 물론 처음에는 이해하기 힘들었고 힘이 들었다. 그래도 긍정적으로 생각하고 이해하려고 노력을 했다. 그러다 나도 바빠지니 소홀한 부분이 생겼다.

바쁜 와중에 '나를 많이 생각했구나.'라고 이해하면서 고마워했다. 그렇게 시간이 흘렀다. 하지만 바빠도 너무 바빴다. 서로를 볼 시간이 너무 부족했다. 그래도 만나면 너무 좋으니까 바쁜 시간을 보내면서도 다시 만날 생각에 들뜨곤 했다. 하지만 만나려고 하면 잘 안 됐다. 그렇게 이해하기만을 반복하던 중 기어이 내 감정은 터지고 만 것이다. 오랜만에 서울에 와서 만나기로 약속했지만, 그날은 미팅이 길어져 힘들 것 같다고, 내일로 미뤄졌다. 그다음 날이 되면서 사진이 왔다. 몸살 감기로 아픈 사진이 온 것이다. 나는 그때 터지고 만 것이다. 그동안 풀지 못했던 내 모든 감정이 드러났다. 정말 모든 감정이 물밀 듯이 나왔다.

'왜 이렇게 만나기 힘든 거야? 그렇다고 우리가 자주 연락하는 것도 아니고, 자주 보는 것도 아닌데, 왜 이렇게 만나기 힘든 거야? 왜 만나려고 하면 아프고, 왜 만나려고 하면 미팅이 길어지는 거야?', '나는 당연하게 이해하고 기다려주는 존재야?', '내가 다른 사람 만나는 게 왜 두려운 건데? 두려운 게 지금 소홀해서 드는 불안감 아니야? 그럼 나한테 좀 더 신경 써야 하는 거 아니야?' 그렇게 속으로 울분을 토하고 있었다. 당장 아픈 사람에게 화를 내는 내 모습도 웃긴 상황이었다. 그렇게 내 감정이 아닌 감정으로 지낸 걸 알았다. 시간이 지난 후에 나는 헤어질까 하는 무서움, 두려움, 나한테 소홀했던 감정들을 알았다. 그래서 나는 서운한 감정이 들어도 그저 묵묵히 참아내다 결국 터진 거라는 것을 알게 된 것이다.

사람을 만나고 얘기하고 어울리면서 솔직하게 드러내면서 지낼까 하는 생각이 들었다. 사회생활을 하다 보면 자신을 드러내기보다는 자신의 존재가 아닌 그 사람에게 맞는 사람으로 지내야 한다. 자신감이 넘쳐서 자신을 어필하면서 지내는 사람들도 봤다.

나는 맞추고 지내는 사람이었다. 사회에서는 나이랑 상관없이 직급으로 철저하게 맞춰야 하기 때문이다. 나는 그런 생각을 안 해도 상대방이 그렇게 여긴다면 그것 또한 억울해도 맞춰줘야 했다. 그렇게 사회에 물들어 일상생활에서도 나는 나에게 솔직하게 느끼면서 사는지 궁금해졌다. 나는 내가 아닌 존재로 살아가는지 대해서도 생각을 했다.

나는 항상 연기 인생을 지냈다. 인지하고서 일부러 그런 건 아니었다. 책을 읽으면서 점점 나 자신을 돌아보게 되는 시간이 많아졌고, 그러면서 자연스레 알게 된 것이다. 왜 나는 연기를 하면서 지낸 걸까 생각했다. 답은 나는 좋은 사람이고 싶었다. 좋은 사람으로 기억에 남고 싶은 마음에 좋은 사람 연기를 한 것이다. 나 자신을 잘 몰라서 그런 건 아닐까 생각이 들었다. 항상 나는 밝지 않으면서 밝은 사람인 척 무조건 배려하는 사람인 척했다. 나중에는 후회도 했다. 그렇게 가짜로 연기하다 보면 지치기 때문에 원래의 나로 돌아가는 것 같았다. 그래서 실망을 하는 모습도 종종 봤다.

한편으로는 착한 사람 콤플렉스도 있어서, 거절을 하면 마음이 편하지 않아서 거절도 잘 못 했다. 착하게 살아간다는 것도 참 힘든 인생이었다. 나는 참 여러모로 피곤하게 사는 사람 같았다. 왜 이렇게 힘들게 살아갈까? 이유를 묻기도 했고, 오히려 잡생각으로 삼천포로 빠지기도 했다. 그런 마음이어서 그럴까? 나는 새로 만나는 사람들이 다 별로였다.

어떤 여자는 자신을 포장하기 위해서 나를 쓰레기로 만들어버리고, 포장해서 말하고, 조금 진심으로 말하면 난 또 믿어서 인연을 유지하고 그러다 결국 끝내버리고….

어떤 여자는 막말을 일삼고 자기가 잘난 듯이 사람 봐가면서 상대하고 나는 만만해서 나에게 막 화내고…. 나를 막 대한 것을 알면서도 친구라서 참았지만, 결국 남보다도 못 한 사이가 됐다. 그래서 자괴감에 빠지기도 했다. 사람을 만나기도 싫었다. 그러면서 나에 대해서는 잘 보지 못했다. 그저 그 상황만 원망하고 나를 자책하기를 여러 번, 그렇게 시간이 지났다.

나는 책을 읽으면서 주인공을 보고서 나에 대해서도 생각을 해보기 시작한 것이다. 나는 어떤 사람이고 어떤 성격을 가지고 살고 있는 걸까? 그렇게 생각하니…. 정말 안 좋은 것들만 주루룩 나오기 시작했다. 자신감이 없고, 능력도 없고, 살도 있고, 툭 튀어나온 똥배에, 살이 없어 움푹 들어간 볼, 매부리코, 덧니와 고르지 못한 치아. 부정적인 성격, 자책하는 성격, 잡생각, 불안증, 거지 기타 등. 그렇게 적다 보니 알게 되었다. 나 스스로 부정적으로 판단하고 있다는 것을. 장점은 하나도 없었다. 그걸 깨닫고 나는 나의 장점을 찾기 시작했다.

자신의 장점을 찾기란 참 힘들었다. 그리고 서글펐다. 왜 나는 장점 하나 발견 못 하는 것일까? 그러면서 많이 들었던 걸 생각하면서 생각해봤다. 처음에는 생각이 나질 않았다. 그래서 시간차를 두고서 적기 시작했다. 사람들이 제일 먼저 나의 외모를 보면 눈부터 봤다. 눈이 크고 동그랗다고 자주 말했다. 눈을 적고, 특유의 편안함, 주변 사람들과 잘 어울리게 하는 나만의 특유의 어울림, 웃을 때 환하게 밝게 웃는 얼굴, 큰 키, 어머니께 물려받은 기럭지, 이렇게 하나씩 적다 보니 나에게도 장점은 엄청 많았다.

현재의 나를 보았다. 나는 매일 봐서 몰랐다. 그런데 내가 듣는 말은 달라졌다. "밝아졌다, 순수하다, 긍정적이다." 그렇게 내가 듣고 싶던 말들을 듣게 된 것이다. 그러면서 나 스스로 대견하고 멋진 여자라고 생각했다. 거짓이 아닌 진실한 나를 마주보고 변하고 그게 사람들의 눈에 보이기 시작한 것이다. 나는 지금도 계속 나를 바라봐주고 있다.

자신에게 솔직하다는 건 쉬우면서도 제일 어려운 것 같았다. 그건 어쩌면 가장 가까운 존재이기 때문이다. 그래서 자신의 상처도 잘 모르고 지금 자신이 얼마나 상처받아서 아파하는지 그 아픔을 어떻게 치유해야 하는지 모른다. 나 역시 나에게 솔직하지 못 했기 때문에 나에 관한 모든 것은 다 그냥 넘겨버리고 바라봐주지 않았다. 오히려 자책하고 미워만 했다. 하지만 지금은 누구보다 나를 아끼고 사랑한다. 그래서 부정적인 생각이 들거나, 슬퍼하거나, 서운한 감정이 들면 그걸 바라봐준다. 그럼 스스로 답이 나오고 어떻게 해야 하는지 감정에 집중해서 전과 같은 경솔한 짓은 하지 않는다.

자신을 바라보면서 하나씩 하나씩 천천히 찾아봐야 한다. 자신의 어디가 불만인지, 자신의 어디가 좋은지, 자신의 성격은 어떤지, 어떻게 보이길 바라는지, 계속해서 자신을 바라봐주어야 한다.

처음에는 어려울 수 있다. 하지만 나처럼 사소한 것부터 찾다 보면 어느샌가 자신의 모습을 알게 되고 그렇게 자신이 원하는 모습으로 바뀌어

가는 걸 볼 수 있다. 좀 더 자신에게 솔직해져라. 그래야만 자신을 좀 더 멋진 사람으로 변화시킬 수 있다.

마지막으로 노먼 빈센트 필의 말을 기억하길 바란다.

"자신을 믿어라, 자신의 능력을 신뢰하라. 겸손하지만 합리적인 자신감 없이는 성공할 수도 행복할 수도 없다."

## 나는 이미 괜찮은 사람이다

　자신을 어떤 사람으로 생각을 하고 있는가? 세상에서 가장 멋진 사람
이라고 생각하는가? 아니면 제일 불행한 사람이라고 생각하는가? 세상
에서 제일 크게 성공한 성공자라고 생각하는가? 사람들마다 각자 자신
이 어떤 사람이라고 생각하는지는 다 다르다.

　그리고 어떻게 생각하는지도 각자 다르다. 자신을 긍정적으로 평가하
는 사람도 있고, 자신을 부정적으로 평가하는 사람도 있다. 자신을 높이
기도, 낮추기도 하고 그런다. 자신을 어떻게 생각하고 대하는지에 따라,
보는 사람들도 거기에 맞춰서 자신을 대한다.

나는 나 스스로 참 많이도 낮추었다. 나에 대한 값어치를 굉장히 낮게 평가한 것이다. 그러면서 상대방은 나를 가치 있는 사람으로 바라봐주길 바랐다. 하지만 상대방은 내 바람과는 다르게 나를 낮게 평가했고, 무시했다. 나를 존중해주던 사람은 금방 나를 떠나곤 했다. 나는 속상하기도 하고 슬펐다. 그리고 세상을 원망했다. 나도 원망했다. 나는 그렇게 지내다 우연히 싸이월드를 알게 되었다. 한창 유행해서 사람들이 많이 사용할 때였다.

나는 22살 때 우연히 싸이월드를 알게 되었고, 거기 제목란에 무엇을 쓸까 고민했다. 그러다 문득 떠오른 말이 생각났다. 내가 간절히도 원하고 되고 싶은 여자, 세계에서 제일 가장 멋진 여자. 이 단어를 제목란에 적었다. 그리고 매일 중얼거렸다. 세상에서 제일 가장 멋진 여자가 될 거라고 꼭 될 거라고, 그렇게 하루를 보냈다. 하지만 현실은 여전히 반대의 여자의 삶이 지속될 뿐이었다.

나는 멋지게 사는 여자들은 어떤 직업을 가졌고, 어떤 삶을 살고, 어떤 생각을 하면서 지내는지 궁금했다. 그렇게 인터넷으로 검색을 하면 엉뚱한 것만 나오고 내가 원하는 대답은 나오질 않았다.

나는 이때 서점에 가서 책을 보고 고른다는 생각을 하지 못했다. 그저 인터넷만 찾아다녔고, 동경하듯이 멋진 여자 연예인 사진만 보고 다녔다. 이때 내가 좋아했던 여배우는 김남주, 김혜수였다. 도시 여자 이미지에 세련된 느낌과 고급스러운 말투를 가진 연기도 잘하는 김남주, 같은 여자지만 정말 인형같이 예쁘고 어떤 머리를 하든 어떤 옷을 입든 항상 멋있고, 당당하게 자신의 삶을 사는 김혜수가 좋았다.

그 외에도 다른 직업도 찾아보게 되었다. 참 많이 있었다. 그러다 문득 작가를 보게 되었다. 작가의 삶은 어떨까? 작가면 글을 진짜 잘 써야겠지? 특별한 재능이 있을 거야. 이렇게 생각을 하면서 잠시 작가로서의 삶을 상상하기도 했다. 그러다 멋지게 강연하는 강연가를 보았다. 멋지게 성공해서 사람들에게 말을 하는 강연가의 삶은 어떨까? 잠시 상상했고, 그 외에 디자이너, 만화가, 만화 영상감독, 정치인 다양한 생각과 상상을 했다. 잠시 상상하면 재미있고, 즐거웠다. 하지만 그 상상에서 나오면 초라한 나만이 존재할 뿐이었다.

무엇 하나 내세울 것이 없던 나는 정말 초라하고 불쌍해 보였다. 나는 도대체 무엇을 했는지, 학창 시절에 나는 무엇을 위해 시간을 보냈는지, 왜 나는 이렇게 전전긍긍하면서 살고 있는지, 꿈을 포기하니 나는 무엇을 위해서 살아야 하는지. 다른 걸 지금 시작하자니 너무 늦은 것 같다는 생각만 들었다. 그렇게 나를 스스로 초라하게 만들었다.

나는 스스로 어떻게 생각하고, 대하느냐에 따라서 인생은 정말 많이 달라진다고 생각을 한다. 정말 아무것도 가진 것은 없지만, 자신감이 넘치고 스스로 높게 평가하는 사람들을 보면 사람들에게 인정을 받고 즐거운 삶을 살고 있는 사람들을 볼 수 있다. 반면에 자신을 낮추는 사람들을 보면 항상 우울하고 힘들고 슬픈 삶을 살고 있다고 생각을 하며 지낸다.

주어진 하루를 보내며 자신을 향한 원망만 하고 지낸다면 그 시간은 과연 만족하는 생활을 한 것일까? 반면 하루를 보내는 시간을 자신의 긍정적이고 밝은 미래를 생각하고 그 시간을 보낸다면 만족하는 생활을 보낸 것일까? 당신이라면 어떤 하루를 보내겠는가? 나는 기왕이면 나를 원망하는 시간을 보낼 바에는 차라리 긍정적으로 밝은 미래를 생각하면서 보내는 데에 한 표를 낸다. 어떤 생각으로 지내는 하루가 자신을 어떻게 생각하고 사는지 알게 되는 중요한 시점이기 때문이다. 지금 이 글을 읽는다면 지금 나는 어떤 생각으로 하루를 보내는지 생각을 해보기 바란다.

하루는 잠에서 일어나서 드는 생각이 남자친구에 대한 원망이었다. 그래서 바로 생각을 고쳐먹고 긍정적으로 감사한 마음을 가지려고 노력을 했다. 하지만 갓 잠에서 깨자마자 드는 생각이 자신의 하루를 결정한다는 말을 들었다. 그래서 나는 잠에서 깨어나면 좋은 생각을 하려고 노력을 한다. 이날은 이 말을 정말 실감하게 된 하루였다.

나는 평상시처럼 잠에서 깨서 일어나기 위해 감사함을 생각하며 눈을 감고 있었다. 그러다 눈을 깨고서 아침에 먹는 쉐이크를 타 먹었다. 그러고 거실에 있는 강아지를 보았다. 그리고 시간을 보고서 산책 시간인 걸 알았다. 나는 강아지를 데리고 산책을 나갔다. 날씨는 좋았다. 하지만 날씨와 다르게 나는 아침에 생각났던 원망으로부터 자유롭지 못했다. 그래도 기분 좋게 산책을 하려고 했다. 하지만 나의 의도와는 반대로 흘러가기 시작했다. 아침부터 강아지들이 많이 산책하려고 나와 있었다. 우리 강아지는 강아지와 사람을 많이 좋아해서 강아지만 보면 좋다고 다가가려고 한다. 그때마다 나는 애를 먹었다.

평상시처럼 산책길을 가던 중에 잘 가지 않던 길로 향했고, 나는 이 아이가 길을 더 잘아서 데리고 가나 보다 생각을 했다. 그렇게 가면서 평상시에 산책하던 길이 나왔고 횡단보도를 건너 평상시에 데리고 가던 공원 길로 향했다. 산책길에 도착하고 산책 도중에 어느 아주머니께서 길고양이의 집을 꾸미고 있었다. 나는 방해를 하지 않기 위해서 아래로 내려가는 도중에 물이 들어 있는 물그릇과 참치를 보고서 '고양이 밥 주려고 챙기셨구나.' 하는 생각이 들었다. 강아지는 그릇 주변에 냄새를 맡고 있었다. 나는 자리를 피하기 위해 서둘러 강아지를 데리고 다른 곳으로 가려는 도중에 저 멀리서 앉아 있는 길고양이를 보았다. 아무래도 이 밥의 주인 같았다. 나는 빨리 벗어나고 싶어서 서둘러서 움직였다.

내 움직임을 보고 놀라서 고양이가 더 멀리 가는 것을 보았다. 서둘러서 급하게 움직이니깐 자기한테 오는 줄 알고 쟤도 놀란 것 같은 생각이 들면서 최대한 거리를 두고서 빠져나가려고 했다. 혹시라도 강아지가 보고 쫓아갈지 모르기 때문이었다. 최대한 관심이 없는 척하면서 빠져나가려고 하는 그때 아주머니가 소리를 치셨다.

"아줌마. 쟤 길고양이에요. 쟤 밥 먹어야 하니깐 얼른 강아지 데리고 나가세요. 저기 빠지는 길이 있네. 왜 하필 고양이 밥 먹으려고 하는데 오는 거에요? 아줌마, 빨리 나가라고요."

계속 소리를 질렀다. 순간적으로 나도 욱했다.

"누가 고양이 밥 먹는 시간인 걸 알았나?"

나도 모르게 툭 내뱉었다. 그렇게 고양이를 보면서 빠져나갈 곳을 보고 강아지를 데리고 조용히 가려고 하는데 계속해서 소리를 지르는 바람에 결국 강아지도 놀라서 앞을 쳐다보고 고양이도 눈이 마주치고 고양이는 아슬하게 도로를 향해 달려서 다른 자리로 갔다.

나는 종일 그 아줌마를 원망하면서 강아지와 산책을 마쳤다. 내가 생각 없이 행동한 것도 아니고 그 고양이를 생각해서 한 행동인데 자기 입장만 생각하면서 나한테 소리치는 아주머니가 싫었다. 그렇게 엉망이 된 산책을 마치고 책을 읽었다. 그리고 책을 보면서 그때 했던 원망의 소리가 결국 나한테 하는 소리인 걸 알았다. 그리고 다시 생각하게 되었다.

사람은 다 괜찮은 사람이다. 못나고 하찮은 사람은 없다. 만일 그런 느낌을 받는다면 자신이 그렇게 생각하는지 생각해보아야 한다. 나도 무능력하고 실수만 하는 자신이 싫었다. 그러던 중에 나 자신을 사랑해야 한다는 걸 깨닫고 노력을 많이 했다. 나 스스로 자신감도 높고 괜찮은 사람이라고 생각했고 자부심도 들었다. 그러나 생각 없이 일상에서 보내는 시간 중에 상대편이 내뱉는 소리에 종일 생각하고 계속해서 원망하고 집착하는 모습을 자주 봐왔다. 그러던 중에 그 원망이 상대방이 아닌 자신한테 원망하는 소리란 걸 알았을 때 나 스스로 참 깎아내리고 있었구나! 하는 생각이 들었다. 그걸 깨달으니 모든 원망의 소리가 저절로 멈추었다. 그리고 깨달았다.

사랑한다고 자신감이 넘치게 살겠다고 말을 하고 잘 실천하고 있다고 자부했지만, 결국 내면에는 부정적인 것이 크게 자리 잡고 있어서 그것이 한 사건을 계기로 계속해서 나오는 것이었다. 때로는 다른 상황에서 나의 변화를 시험하는 경우도 있다. 거기에 매달리기보다는 오히려 스스로 괜찮다고 다독이면서 나아가도록 해야 한다. 혹여 자신을 한정 짓고 스스로 자신을 가치를 깎아내리고 있는가? 그럴 때마다 '나는 괜찮은 사람이다.'라고 생각하자. 이유는 당신은 이미 괜찮은 사람이기 때문이다.

08

# 남의 시선에서 벗어나기

당신은 남의 시선을 신경 쓰면서 살고 있는가? 나는 문득 예전에 봤던 광고의 한 장면이 생각났다. 한 그룹에서 모든 사람이 '예스!'라고 외쳤다. 하지만 거기서 당당하게 한 사람이 '노!'라고 당당하게 외치는 장면이 있다. 다른 사람들은 자신의 의견과 상관없이 수긍하지만 한 사람만 자신 생각을 소신 있게 말하는 장면이다.

나는 그 장면을 감명 깊게 봤고 사람들의 시선이나 눈치를 보지 않고서 소신 있게 자기 생각을 가지고 세상을 살아가야 한다고 생각한다. 하지만 현실은 자기 뜻대로 살아갈 수 있는 세상인가 생각을 한다.

나는 항상 사람들의 눈치를 보고 살았다. 많은 걱정이 들었기 때문이다. 남의 눈치를 보면서도 왜 나는 남의 눈치를 보고 살아야 하는지 알수도 없었고, 그렇게 사는 나 자신이 싫었다. 항상 당당하게 살아간다고 맹세하고서는 밖에 나가면 사람들의 시선이 느껴질까 무서워했다. 옷을 입고 나가도 날씨가 아닌 것 같은데 너무 얇은 옷을 입었는지 아니면 너무 두꺼운 옷을 입었는지 생각을 했다. 나만의 개성을 가진 옷을 입을 거야 생각하면서 여전히 사람들의 시선을 의식하고 있었다.

어릴 때도 그랬다. 나는 엄마가 예쁜 원피스를 사주면 너무 좋았다. 그래서 입고서 교회를 갔다. 그럼 친구들이 치마가 너무 짧다고 하면서 앉았을 때 자꾸 내 치마를 내리곤 했다. 유난히 심한 애가 있었는데 나한테 그러는 게 너무 싫었다. 좋고 예쁜 옷을 입고 가서 항상 치마 길이가 짧다고 구박하고 나보다 한 살 많은 언니가 치마를 입었는데 짧으면 "저 언니도 짧은 치마를 입고 왔는데?" 이러면 항상 핑계를 대기 바빴다. 나는 어이가 없으면서도 할 말 못 하는 내가 싫었다. 혹시라도 또 괴롭힘을 당할까 봐, 말도 못 하고 지내는 게 많았다.

'자신은 가능하고 왜 나는 안 되는 거야?' 생각했고 내가 말하면 화내면서 자신은 된다는 식의 말도 안 되는 핑계와 다음 날 친구들에게 이간질해서 괴롭힐 뿐이었다. 그때부터였을까? 나의 눈치 보는 삶이 시작된 시점인 것 같기도 했다. 한번 입은 상처는 성인이 되어서도 계속된다는 것을 요즘 들어서 더 절실히 느끼고 있다. 그렇게 나는 눈치를 보면서 사는 내가 가여우면서도 안쓰러웠다. 나는 매 순간 내 의지대로 살았던 적이 있었는지, 내 생각을 말하면서 살았던 적이 있었는지 과거를 생각해보기도 했다. 하지만 돌아오는 기억은 항상 눈치를 보면서 생각했던 나의 모습이었다.

　나는 연애를 해도 항상 남자친구의 눈치를 봤다. 참으로 이상하다 생각할지도 모르겠다. 좋아서 만나는 연인인데 왜 눈치를 보지? 이런 생각이 드는 사람도 있을 것이다. 나도 인지를 못 했지만 어느 순간 알게 되었다. 나는 좋아하면서도 그 사람이 화날까? 나에게 실망할까? 여러 걱정과 동시에 불안으로 나도 모르게 눈치를 보고 있었다. 처음에는 나 자신이 한심했다. 하지만 좋아하는 사람과 연애를 해도 눈치 보는 내가 안쓰럽고 당당하게 살게 해주지 못한 나에게 너무도 미안했다. 그러다가 더 이상 다른 사람들 눈치 보는 삶은 살지 말자고 결심을 했고, 극복하기 프로젝트처럼 어떻게 해야 하는지 찾아보게 되었다.

　눈치를 보는 사람은 곧 자신에게 자신감이 없다는 것이다. 현재 자신은 눈치를 보고 사는지 아니면 당당하게 사는지 자신을 돌아볼 필요가 있다. 나는 사회생활에서는 상사와 동료의 눈치를 보는 경우도 많았고 많은 사람이 그렇게 지낼 것이다. 하지만 일상생활에서마저 눈치를 보고 산다면 얼마나 슬프겠는가? 나는 직장과 일상생활과 별반 다를 바 없는 그런 삶을 살고 있었다.

자신이 눈치를 보는 사람이라면 어디서 가장 눈치 보고 살고 있는지 찾아야 한다. 제일 먼저 눈치 보는 곳을 찾았으면, 그다음 그런 식으로 계속해서 찾다가 자신이 제일 먼저 실천할 수 있는 것부터 시작해야 한다. 그러면 서서히 사람들의 눈치에서 해방이 되기 시작하고 평안해진다. 그러던 중 나는 문득 책에 나오는 내용이 생각이 났다. 자신이 한 편의 영화를 살고 있다고, 자신의 인생의 주인공은 다른 사람이 아닌 자신이라고 말한다. 지금 내 영화에서 주인공이 아닌 조연이라고 한다면 얼마나 슬프겠는가? 주인공이길 바라지 조연이 되길 바라는 사람은 없을 것이다.

나는 책을 보면서 제일 큰 문제가 바로 자신감이라는 걸 알았다. 생각해보면 맞는 말이었다. 자신감이 없어서 눈치를 보고 다니는 것이다. 자신감이 가득 찬 사람은 그렇게 다른 사람의 눈치를 보지 않고 살고 있다. 그 차이는 무엇일까? 궁금해졌다. 나는 어떻게 하면 자신감이 차고 눈치를 안 보고 살게 되는지 책도 읽어보고 항상 자신감을 가득 채운다고 기운도 팍팍 주었다. 하지만 나도 모르게 다른 사람들을 한번 힐끗 쳐다보고 있고, 일하러 가서도 직장상사를 힐끔 보곤 했다. 나의 생활은 여전히 같았다. 그리고 너무 상대방을 배려하다 보면 눈치를 보게 되는 것도 알게 되었다. 혹시나 내가 부탁해서 싫은 소리를 들으면 어떡하지? 내가 너무 이기적으로 구는 건 아닌가? 내가 부탁을 해서 난감해지면 어떡하지? 이런 걱정들로 결국에는 눈치를 보게 되고 말도 못 하는 날이 더 많았다. 지금 생각하면 내가 정말 눈치 인생을 살았구나 생각이 들 정도였다. 나는 책을 읽고 나 자신을 보면서 한숨이 많이 나왔다.

어느 날 나는 내 영화에서 조연으로 살고 있다는 생각을 했다. 어차피 한 번뿐인 내 인생 왜 남의 생각대로 남의 눈치대로 사는지 생각이 난 것이다. 그리고 눈치에서 벗어나는 방법을 연구하기 시작했다. 일단은 주문을 보내야 한다고 해서 나는 주문을 했다. '나는 누구보다 자신감이 넘친다. 나는 당당하다.' 이렇게 주문을 보냈고, 나는 당당한 사람처럼 지내려고 노력했다. 길을 걸을 때의 내 모습을 우연히 발견했다. 나보다 작았던 내 친구들을 맞춰준다고 몸을 구부리는 습관이 배어 있던 내 자세를 보고 난 후에 나는 등을 꼿꼿이 세웠다. 그리고 숙이고 다니던 고개를 들어 앞을 향해 보고 걷기 시작했다. 처음에는 본래의 내 자세로 오기도 했지만, 점점 내 자세는 고쳐지고 있었다.

그렇게 하나둘씩 자세부터 고쳐나가기 시작했다. 자세만 바꿨을 뿐인데 조금 자신감이 붙기 시작했다. 그리고 굽은 등을 펴면서 걷는 연습을 했다. 어깨에 무리가 가서 뻐근하지만 그래도 참고 하다 보니 어느 정도는 익숙해졌다. 어깨는 지금도 연습을 한다. 이렇게 자세부터 사소한 것을 바꾸면서 느껴지는 것은 일상생활에서 사람들을 보는 시선들이 조금씩 달라졌다. 전에는 어떻게 볼지 궁금했다면 지금은 어떤 표정으로 어떤 자세로 어떤 옷을 입고 다니는지 보게 된 것이다. 그러다 마음에 드는 옷을 입은 사람을 보면 나도 그런 종류의 옷을 입은 내 모습을 상상했고, 어떤 자세가 더 당당해 보이면 따라 해보기도 하고 눈치 걷기에서 탐구 걷기로 서서히 바뀌어갔다.

나는 성공자들의 말처럼 내가 당장 할 수 있는 일들을 생각했고, 제일 먼저 실천을 했다. 그렇게 실천하니 조금씩 바뀌어간다는 걸 알 수 있었고, 재미도 있었다. 물론 가끔은 눈치를 보는 행동이 나오곤 했지만, 곧장 눈치채고서 당당하게 자세를 잡곤 했다. 그러면서 다음 문제가 무엇인지 생각을 하면서 책을 읽었고, 그렇게 반복하기를 여러 번 나는 서서히 자신감을 찾아가고 있었다. 어느덧 직장서 보던 눈치도 서서히 줄어가는 걸 느낄 수 있었다. 나는 성공자들의 말에서 항상 공통점을 느낀다. 그건 작은 것부터 바로 시작한다는 것이다. 그리고 그것이 결국에는 큰 성공을 거둔다는 말을 한다. 처음에는 어떻게 작은 것에서부터 시작하는지 몰랐다. 그래서 닥치는 대로 했는데 시간이 지나면서 알게 되었다. 그건 바로 내가 문제점으로 발견되거나 변화하고 싶은 부분에서 당장 시작할 수 있는 것부터 시작하라는 것이었다. 나는 눈치 보는 삶의 문제점을 계속 고민했고, 첫 번째로 자신감에서 찾았다. 그리고 아주 사소한 것부터, 시작했고 서서히 나는 변화하며 자신감을 찾을 수 있었다. 눈치를 본다는 건 자신의 인생을 살길 거부하는 거나 마찬가지다.

자신의 인생을 살고 싶다면 눈치를 어떻게 보게 되고 시작됐는지 찾아야 한다. 만일 찾지 못한다면 자신이 어디서 눈치를 보는지를 파악을 해야 한다. 찾았다면 거기서 시작해서 아주 작은 것부터 시작하는 것을 추천한다. 그러다 보면 서서히 다른 부분을 찾게 되고 그렇게 자신도 모르는 사이에 발전하는 모습을 보게 된다. 이제는 더 이상 남의 눈치를 보지 말자. 남을 눈치 보는 시간에 자신을 더 사랑하라. 그럼 자신감에 찬 당당한 자신을 보게 될 것이다.

마지막으로 버나드 마네스 바루치의 말을 기억하길 바란다.

"있는 그대로의 자신으로 남고 자신이 느끼는 대로 말하라. 그것에 신경 쓰는 사람은 당신에게 중요한 사람이 아니고, 당신에게 중요한 사람은 그런 것을 신경 쓰지 않는다."

완벽하지 않아도

괜찮아

01

# 세상에 완벽한 시작은 없다

　나는 어떤 일을 처음 시작할 때 두려움이 앞선다. 서툴기 때문이다. 아기가 태어나서 울고, 밥을 먹고, 걷기를 시작하고, 점점 성장하는 과정과 같다고 생각을 한다. 하지만 두려움을 극복할 것인지, 아니면 그 자리에 있을지는 전격적으로 본인에게 달렸다. 첫 두려움을 깨야지만 세상에 나가고 나를 더 성장시키는 과정인 걸 알기 때문이다. 현재 있는 내 위치가 마음에 들면 굳이 바꿀 필요는 없다. 그냥 그 위치서 살아가면 된다. 애석하게도 나는 그렇지 않았다. 어떤 것이든 간에 다 불만이었던 삶이어서 그런가? 변화가 필요했다. 그리고 첫 두려움을 과감히 깨버리고 또다른 현실에 마주하게 됐다.

나는 처음에 긍정적으로 다가갈 때, 시작만 하면은 얼마 안 있어서 드라마의 주인공처럼 나의 모든 것들이 바뀌는 줄 알았다. 하지만 현실은 현실이었다. 오랫동안 묵혀왔던 내 생각들이 나를 더욱 힘들게 했고 포기할까 생각도 여러 번 했다. 정말 힘이 들었다. 어떻게 해야 할지 갈팡질팡도 하고 회의감도 들었다. 자주 이런 생각도 했었다.

"도대체 어떻게 바뀐다는 거야?"
"달라지는 건 하나도 없잖아! 오히려 힘만 들잖아!"
"포기할까? 그냥 살던 대로 살까?"

하루에도 몇십 번씩 생각하면서 지내왔다. 정말 포기하고 편하게 살고 싶었다. 실제로도 하다 말고 계속 반복하기를 했었다. 그러다 포기할 때 하더라도 한 번 다시 시작해보자 생각을 다시 고쳐먹고 진행을 했었다. 그렇게 반복하기를 며칠이 지났을까? 처음부터 다시 한다는 생각으로 책을 읽기 시작했다. 내 문제점이 무엇인지 알고 싶었다. 정답을 찾기 위해 계속 책을 읽기를 반복했다. 그러면서 점점 원인을 알 수 있었다. 나는 그 순간에도 부정적인 생각을 가지고 실천했다는 사실을 알았다. 아무것도 보지 못하고 알지 못하는 상황에서 현실에서 당장 이뤄져야 한다는 생각이 많았다. 나는 마음이 급했다. 급했기에 모든 게 일사천리로 다 이루어지길 바랐다.

급하면 마음은 조급해진다. 조급해지면 여유는 단 1도 없다. 기다려야 하는 시간이 지루해지기 시작하는 것이다. 당연히 하루아침에 바뀔 리가 없었다. 나는 허탈감이 왔다. 그 순간에도 바뀐다는 생각만 했지, 실제로 행동한 건 없었기 때문이다. 혹한 가르침이었다. 그렇다고 포기는 없었다. 오히려 자극이 되어 굳게 마음먹었다. 그리고 외쳤다. "반드시 성공한다."

자신이 오랫동안 가지고 있는 생각을 버린다는 건 쉬워 보여도 참 어렵다. 지금까지 자신이 살아온 인생과 함께 지내면서 내 몸에 밴 것들인데, 하루아침에 훌훌 털고 일어서기는 어렵기 때문이다. 모든 게 쉬웠다면 자신이 하고 싶은 대로 사는 현실일 것이다. 생각하는 대로 산다면 얼마나 행복하겠는가? 나는 원하는 인생을 사는 사람들은 특별한 것이 있다고 생각했다. 뛰어난 능력이 있거나, 태어날 때부터 금수저이거나, 아님 스펙을 높게 쌓아서 자신의 능력을 마음껏 발휘하는 사람들의 특권으로 알고 있었다. 거기에 비하면 학벌이 좋은 것도 아니었고, 똑똑한 것도 아니고, 능력이나 재능을 가진 것도 아니었다. 하지만 책을 읽으면서 내 생각이 잘못됐다는 걸 알게 되었다. 그래서 궁금해졌다. "가만, 지금 내가 읽고 있는 책의 저자도 나처럼 특별한 것 없이 평범한 사람이잖아!", "똑같은 사람인데 이 사람 자신의 성공을 얘기하네." 순간적으로 뇌리를 스치는 생각이 나를 희망적으로 만들었다. 자신이 항상 어떤 삶을 살고 싶은지, 어떻게 실천을 해야 하는지 곰곰이 생각해본 적이 있는가? 방법을 알고 있지만, 막상 두려워서 행동하지 않는 건 아닌가? 종종 이 질문을 하곤 했다. 나는 생각만 하고 살았지 실천은 하지 않았다. 하지만 실천을 하려고 해도 방법을 몰랐다. 생각해보면 나에게도 처음에 기회는 있었다.

뜻밖에 21살 때 우연히 한 책을 읽은 적이 있었다. 책을 읽으면서 이렇게 살면 인생이 달라진다고? 순수한 마음으로 그 책을 읽으면서 적고 행동을 해보았다. 행동할수록 내용과 내 현실과는 좀 맞지 않는다는 생각을 했다. 계속 생각을 하고 내 상황에 맞게 실천해야 하는 방법을 몰랐던 것이다. 그저 그 책에 나온 대로 행동만 하려고 했을 뿐이었다. 결국 나는 포기를 했다. 지금 돌이켜서 가끔 이런 생각을 한다. 그때 포기하지 않고 다른 책들을 찾아봤으면 어땠을까 하는 생각을 한다. 그럼 나는 좀 더 빨리 내가 이루고자 하는 것을 이뤘을지도 모른다는 생각이 들었다.

갓난아이가 세상에 나와 시작한 것처럼 기존에 나의 세상에서 벗어나려고 첫걸음을 떼었을 때 내 상황에 맞닥뜨리는 게 제일 힘이 들던 순간이 있었다. 그건 바로 사람 때문이었다. 내가 그동안 지내왔고 같이 어울렸던 사람들이다. 그런데 막상 긍정적으로 바뀌려고 하니 여전히 부정적인 내 주변 지인들과 지내는 게 힘이 들었다. 누군가 내게 얘기를 하면 대답을 해야 하는데 섣불리 대답을 못 했다. 대답과 동시에 내가 부정적으로 지냈다는 걸 인정하게 될까 봐 무서웠다. 억지로 회피하면서 긍정적으로 얘기를 하려고 해도 안 됐다. 동상이몽이 되기 때문이다. 서로 맞지 않는 것이었다. 나는 사람들과 즐거운 대화만 하고 싶었다. 하지만 현실은 내 생각과는 다르게 여전히 부정적인 얘기만 하고 있었다. 이때 생각을 바꾸기로 결심했다.

사람들에게 내가 바꾸고자 하는 생각을 얘기하고 다녔다. 그동안 너무 부정적으로 살아가다 보니 살아가는 게 너무 힘들었다. 이제부터라도 긍정적으로 살아가려고 한다. 지금은 시작 단계지만 시간이 지나다 보면 분명히 달라질 것이다. 내 얘기를 듣는 사람들의 반응은 정말 다양했다. 나를 응원해주는 사람이 있는 반면에 그런 게 될 리가 있겠냐고 부정적으로 단정 짓는 사람들, 그 사람들을 보면서 '아! 이런 생각을 가지고 있구나!'라는 생각이 들자 그때부터 사람들이 다르게 보이기 시작했다. 한편으로는 '참! 다행이다.'라는 생각을 가지기도 했다.

솔직하게 내 생각을 말하고 다녀서 그런지, 오히려 사람들을 대하는 게 편해지기 시작했다. 그리고 공통점을 발견하기도 했다. 처음에 시작했을 때는 나만 보였기 때문에 어떤 생각을 주로 하고 다니는지, 어떤 모습이 보이는지 하나도 보이지 않았다. 하지만 내 생각을 말하고 거기에 대답하는 사람들을 보면서 알기 시작했다. 처음부터 부정적으로 말하는 사람, 응원은 하지만 변화를 바라지 않는 사람, 진심으로 결과가 있기를 바라는 사람 등등 여러 반응의 사람들을 보았다. 처음 시작하는 단계에서 나쁘지 않은 성과였다. 오히려 좋은 성과였다. 그만큼 나를 바라보는 계기가 되었다.

내가 처음으로 바뀌고자 마음먹었을 때는 여러 시행착오가 많았다. 그중에 제일 어려웠던 것은 긍정적으로 받아들이는 것이었다. 의식적으로는 '긍정적으로 가야 해!' 이렇게 생각을 하지만 나도 모르게 나오는 말과 행동을 보면, 부정적인 생각을 가지고 있는 본심이 나왔기 때문이다. 그럴 때마다 나는 좌절을 하기도 했다. 그래서 순간 부정적인 생각을 할 때가 많았다. 그러다가 '아차! 이럴수록 긍정적으로 받아들여야지!' 이렇게 나를 매번 다독이고 위로해주었다. 그렇게 나는 점점 성장하고 있었다.

처음 시작할 때는 모든 게 낯설기만 하다. 화가 나기도 하고, 짜증 나기도 한다. 익숙한 일상에서 벗어나 변화를 위해 나아가는 첫 단계이기 때문이다. 처음 사회로 나가 초년생으로 회사에 입사해서 일을 시작할 때 노련한 업무로 시작하지 않는다. 서툴고, 실수하고, 배우기를 반복하면서 점점 노련하게 업무를 하게 된다. 습관도 마찬가지다. 기존의 습관에서 새로운 습관으로 바뀌는 과정 가운데 나도 모르는 사이에 자연스럽게 바뀐다는 것을 알아야 한다.

　지금까지 부정적인 생각으로 힘들어 긍정적으로 살아가고자 하는 사람은 문득 부정적인 생각이 든다고 해도 그걸 자책하기보다는 인정하면서 더욱 긍정적으로 다가가야 한다. 그러면 지금까지 이루었던 일들이 신기하면서 즐거워지기 시작할 것이다. 처음부터 완벽하게 바뀐다는 생각을 버려야 한다. 시작은 누구나 서툴기 마련이기 때문이다.

02

## 시련은 변형된 축복이다

나는 그동안 시련은 그저 고통을 맞이하고, 괴로워하는 순간이라 생각했다. 뭔가 일이 틀어지면 정말 싫었다. 죽기보다 싫었다. 왜 나한테 이런 일이 생기지? 항상 원망만 했다. 나도 남들처럼 불행한 순간이 아닌 행복하고 싶었다. 꼭 세상의 모든 불행이 다 나한테 오는 것 같았다. 나는 항상 세상의 원한을 사회라는 현실과 내 환경이라 믿으며 더욱 불신의 마음이 커졌다. 하지만 지금은 똑같은 상황이라도 내가 다르게 대처했다면 또 어떤 삶의 방향으로 흐를까 생각을 한다. 왜냐하면 지금까지 예전과 비슷한 상황이 오고 거기에 대처하는 방법이 점차 달라졌기 때문이다. 그리고 내가 받아들이는 것 또한 달라졌다.

나는 오랫동안 만나던 남자친구가 있었다. 처음에는 정말 좋았다. 그래서 모든 걸 다 주고 싶고 내가 할 수 있는 건 다 해주고 싶었다. 하지만 행복하다가도 불안한 마음도 들었고, 조금만 떨어지면 다른 생각이 들면서 마음을 졸였다. '혹여 다른 여자가 생기면 어떡하지? 내가 이렇게 말하고 행동해서 마음이 바뀌면 어떡하지?' 이런 생각들로 가득 찼다. 행여 다른 사람을 생각할까 봐 나만의 처절한 강구책이었을지도 모른다.

이런 마음이 커서 그런가? 남자친구를 만나면서 마음이 변해서 떠날까 봐 걱정만 하던 나는 결국 내 남자에게서 제대로 여자로서의 연인이 아닌 그저 안타까운, 동생 같은, 한편으로는 만만한 여자가 되었다. 시간이 지나 나의 마음은 점점 떠나갔고, 어느 순간부터 나는 행복한 연애가 아닌 의무적인 연애를 하고 있었다. 몇 번이나 남자친구는 진솔한 대화를 요청했고, 나는 거기에 내 마음은 여전하다고 말했다. 사실은 아무런 생각도 없었지만, 막상 상대방이 그렇게 나오면 아닌 척 얼버무린 것이다. 이렇게 의미 없는 연애를 하다 결국에는 끝이 나고 말았다. 이유는 아주 사소하면서도 한편으로는 서운한 일이었다.

그 당시 나는 아르바이트를 하고 있었다. 서로 쉬는 날이 맞지 않아서 자주 볼 수 없었다. 사건이 터지기 전 주에 나는 너무 피곤했고, 몸이 안 좋아서 일어나질 못했다. 그래서 만날 수가 없다고 얘기했고 남자친구는 이해해줬다. 그 당시에 미안했지만, 어쩔 수 없었다. 나는 점점 몸과 마음이 지쳐갔다고, 그리고 마치 나는 아무런 잘못이 없다는 듯이 스스로 타협을 하고 있었다. 그리고 그다음 주에 똑같은 상황이 일어났고 남자친구는 결국 크게 화를 냈고, 우리는 냉전에 들어가게 된 것이다. 이 남자와 연애를 해서 너무 힘들었던 터였을까? 더 이상 연애하기 싫었다. 그때 우연히 알게 된 한 남자가 있었다.

그 남자는 나에게 적극적으로 본인 감정을 어필했지만, 나는 그 마음을 받아들이지 못했다. 비록 헤어진 거나 다름없지만, 완전히 헤어진 상태도 아니었고, 또 누군가와 다시 시작할 자신도 없었다. 내 성격상 한 번 헤어지면 한동안 이성에게 관심이 없었기에 더욱 밀어냈다. 그러다 '감사합니다'를 2만 번 했을 때 문득 깨달았다. 아~ 내가 행복하지 못해서 헤어지는 거구나! 그리고 며칠 뒤에 우리는 헤어졌다. 그리고 난 후 5만 번을 하고 난 이틀 뒤에 별안간 이 남자가 생각나 문자메시지로 안부를 물었다. 그렇게 얘기하다가 아르바이트를 시작하는데 갑자기 인생에 대한 회의감이 들었다. 그 순간 이 남자가 생각이 났다. 나도 모르게 연락을 했고, 그때 미처 알지 못한 감정이 들었다. 진지하게 얘기를 하면 할수록 좋았다. 그렇게 시간이 가는 줄 모르고 얘기를 했고, 우리는 만나기로 약속을 했다. 일주일 뒤 우리는 만났고, 술 한잔 마시면서 얘기를 했다. 만나서 얘기하니 더욱 좋았다. 그날 전화했을 때, 만나서도 서로 좋은 감정이 들면 사귀자는 제안을 했다. 흔쾌히 받아들였다. 결국 이날 우리는 사귀게 됐다. 그 남자는 내가 오랫동안 꿈꾸던 이상형이었던 것이다.

흔히 나쁜 일이 있으면 좋은 일도 온다고 한다. 하지만 현실은 나쁜 일이 일어나면 재수가 없다고 생각한다. 반면에 좋은 일이 일어나면 당연하다고 생각한다. 나는 좋은 일은 일어나면 당연한 거고, 나쁜 일이 일어나면 재수가 없다고 온갖 불평불만은 다 했다. 계속해서 재수 없는 일만 생길 것 같았다. 그러다 진짜 재수 없는 일이 생기면 마치 기다린 사람처럼 '이것 봐! 이렇다니깐!' 이렇게 자신의 생각이 정확한 듯 착각을 하며 살았다. 긍정적으로 살려고 노력해도 나쁜 일 앞에서는 속속들이 내 안의 본심이 나오기도 했다. 그렇다고 나쁜 일이 생긴다고 거기에 얽매여 있기보다는 다르게 생각하기로 마음먹었다.

아르바이트에 회의를 느끼고 나는 그만두기로 마음먹었다. 갑자기 그만두는 터라 목돈이 없어서 불안했지만, 더 나은 삶을 위해서는 어쩔 수가 없었다. 나이만 먹고 아르바이트를 할 수도 없는 노릇이었다. 상황은 코로나가 퍼져나가는 시기였기 때문에 더욱 직업이 필요했다. 나는 다시 병원에 취업하기로 마음먹었다. 취업하기 전에 나는 어떤 직장에 가고 싶은지 상상을 해보았다. 직장과 집이 가깝고, 8시간 근무에, 날짜가 자유로우면서 5일 일하고, 사람들이 좋고, 월급은 최소 월 200만 원 주는 곳으로 가고 싶다는 생각을 했다.

알아보는 곳마다 내 맘에 드는 곳은 없었다. 거의 6일 근무에 종일 일해야 하는 곳 투성이었다. 그나마 맘에 드는 곳은 전부 퇴짜를 당했다. 나는 한숨이 나왔다. 점점 내 마음은 조바심도 났다. 부정적인 생각이 들기도 했다. 그러다 '아니야! 내가 원하는 곳은 있을 거야, 분명히 나타날 거야!' 이렇게 나를 다독이면서 계속 찾았다. 그렇게 3일이 지났을까? 점점 지쳐가던 그때, 우연히 올라온 구인광고란이 눈에 들어왔다. 광고를 확인하니 올라온 지 이틀이나 지나 있었다. 보통 올라온 지 2일 지나면 대부분 사람을 구했기에, 고민을 하다가 아버지께서 "한번 넣어봐!" 권하셨고, 나는 지원을 했다. 그날 바로 연락이 왔다.

전화로 몇 가지를 물어보았다. 나는 성실하게 대답을 했고, 마침내 면접에 오라는 것이었다. 나는 기대 반, 설렘 반으로 면접장에 갔다. 면접관과 수선생님을 보니 매우 떨렸다. 하지만 용기를 냈고, 반드시 붙는다는 생각을 하고 임했다. 그리고 그날 합격의 전화가 온 것이다. 정확히 집에서 걸어서 10분 거리였고, 월급은 내가 예상한 금액, 8시간만 근무, 같이 일할 선생님들도 좋아 보였다. 좋은 분들과 일한다는 것은 일하면서 느꼈다. 거의 정확히 내가 생각한 모습 그대로 실현이 된 것이다.

합격했을 때 나는 정말로 기뻤다. 취업이 된 것도 기쁘지만, 내가 원하는 모습과 거의 일치했다는 것에 감동이 왔다. 나는 자신감이 붙었고, 모든 걸 다 해내리라고 마음먹었다. 하지만 기쁨은 딱 여기까지였다. 계속 일을 하면서, 무언가 빠진 느낌이 들었다. 열심히 해도 성과는 별로 없었고, 실수에 초보이다 보니 노련함도 없었다. 시간이 지날수록 나 자신이 점점 초라하게 보이는 것이었다. 그때 알았다. 내 꿈이 아니라는 것을. 그때서부터 나의 꿈을 찾기 위해 노력했다. 당장은 눈앞에 보이지는 않지만, 나만의 꿈이 있고, 내가 잘할 수 있는 나만의 일이 있다는 믿음을 가졌다. 꿈을 향한 나의 여정이 시작된 것이다.

나는 책을 읽으면서 모든 건 내가 마음먹기에 따라서 달라진다는 걸 실천을 하면서 실감했다. 생각을 해보면 맞는 말이기도 했다. 모든 일은 상황만 다를 뿐이지 비슷하게 왔기 때문이다. 그때마다 같은 감정, 같은 자세로 대처했다는 걸 알았다. 그래서 방법을 다르게 이것저것 해보니, 같은 상황이라도 생각에 따라서 상황이 조금씩 변한다는 사실에 정말 놀랐다. 그리고 시행착오를 거치면서, 나에게 점점 행운이 온다는 것도 알았다. 결국 어려운 일도 마음먹기에 따라서 얼마든지 결과가 바뀔 수 있다는 것을 시간이 지나 비로소 알게 되었다.

자기계발서에서 성공한 사람들은 이런 말을 자주 한다. '그저 운이 좋앉을 뿐'이라고, 그 운은 단순히 내가 생각했던 운이 아니었다. 어려운 상황에서 계속 시행착오를 거치면서 바뀌고 해낸 일들이 결국 운이라는 이름으로 온 것이다. 자신이 힘들 때 어떤 생각과 어떤 행동으로 대처하는지를 아는 게 중요하다. 물론 그 당시에는 당연히 모른다. 그 일이 지난 후에 하나하나 생각을 해보면 점차 알게 된다. 그리고 생각과 행동의 반복으로 변화가 오고 그것이 점차 운으로 나에게 찾아오게 되는 것이다.

우리 옛 속담에 '인내는 쓰고 열매는 달다.'라는 말이 있다. 인내는 결국 내가 처해 있는 현실의 어려움이고, 열매는 어려움을 어떻게 대처해서 달라지는지에 대한 결과물이라고 생각한다. 나는 시련은 나를 성장하기 위한 또 하나의 도구라고 생각한다. 이 시련을 극복하면 한 단계 더 성장하기 때문이다. 시련 또한 나에게 주어지는 또 하나의 축복이다.

## 익숙함에서 벗어날 때 기적이 찾아온다

평소에 가장 많이 하는 행동 습관을 알고 있는 사람이 있을까? 본인 자신이니, 가장 많이 하는 행동을 잘 안다고 생각할 수도 있다. 그런데 정작 자신이 생각한 것이 아닌 다른 것이 평소 행동이란 걸 안다면 과연 어떤 기분이 들까 생각을 해보기도 했다.

나는 평소에 습관을 들여다보면 게을렀다. 게으르고 할 일을 다음으로 미루는 습관을 가지고 있었다. 이 습관이 가장 안 좋은 습관이라고 생각했다. 여기에 익숙해서 발전이 없는 거라고 생각을 했다. 하지만 그건 바로 나의 꿈의 부재에서 나오는 행동이라는 걸 나중에 알았다.

의욕이 없는데 몸이 열정적으로 반응하고 부지런하게 움직일 리가 없었다. 생각과 마찬가지로 몸도 똑같이 움직인 것이다. 그런데 나는 그저 몸에서 나오는 습관의 탓을 하고 있었다. 꿈이 있고 생각을 하고, 실천하려고 하자, 게으름에 둔감했던 몸은 부지런하게 움직이고 있다. 지금까지와는 다르게 움직이는 행동을 보고서 알았다. 나는 게으른 게 아니란 걸… 그저 꿈의 부재로 내 몸은 그저 쉬고 있었을 뿐이란 걸.

나는 그동안 집에서 할 일 없이 TV 보다 졸리면 자는 생활을 반복하면서 살고 있었다. 그게 나의 유일한 낙이자 삶이었다. 그렇게 집에서 일과를 보내는 게 행복했다. 열정적으로 바쁘게 사는 일상은 그저 성공자의 삶이지 나와는 관계가 먼 일이라고 생각했었다.

가끔 유튜브를 보면 성공자들은 시간을 나눠서 쓰는 방법에 대한 영상이 나오곤 했다. 하지만 그 영상을 보면서 드는 생각은 '그래! 나도 알아! 근데 무엇을 위해서 시간을 쪼개고 열정적으로 내 일을 하고 살라는 거야? 어떻게 해야 직원이 아닌 사업자로 갈 수 있다는 거야?' 답답한 마음으로 보다가 말곤 했다. 알게 된 것이다. 바로 꿈의 부재란 걸. 꿈이 없는 나는 생각을 하면 답답했다. 그리고 꿈이 생기면 어떻게 변하는지도 궁금했다. 그러다 사소한 행동에서 나의 습관이 나온다는 글을 봤다. 그리고 그 습관을 알게 되면 서서히 삶이 바뀐다는 것이다. 그래서 생각을 한 것이다. 어떤 습관이 있는지 그리고 나온 것이 바로 내가 평상시에 자주 하는 행동이었다. 여기서 나는 놓친 게 있었다. 그건 생각을 말한 것인데, 나는 곧이곧대로 몸의 행동만 생각한 것이었다. 이 엉뚱한 발상을 시작으로 그때부터 바쁘게 지내는 게 무엇이 있을까 고민하기 시작했다.

처음에는 게으른 줄 알고 청소부터 시작해서 정리, 설거지 평상시 거들떠보지 않았던 집안일을 시작한 것이다. 그리고 다음에 무엇을 할지 정리를 하면서 시작해보았다. 점점 할 일을 정하고 움직이면서 이것이 성공자들의 삶일까 생각이 들면서 지냈다. 하지만 아무리 생각해도 이건 정답이 아닌 것처럼 느껴졌다. 그렇게 고민을 하던 며칠이 지났을까? 내가 잘못된 생각으로 실천한 것을 알았다. 그리고 그때 나왔던 말과 생각이 어떤 것인지 보았다. 그리고 감사했다. 덕분에 내가 평소 어떤 생각을 하고 말하는지 일부분은 알게 된 것이다. 그 뒤로 무의식으로 실컷 말을 하고 생각을 하면 전부는 아니더라도 말 한마디라도 알 수 있게 되었다. 그렇게 평상시에 나의 습관을 조금씩 볼 수 있게 되었다.

나는 내가 어떤 생각과 말로 행동하는지 인지를 전혀 하지 못했다. 자기계발서를 보고 소개하는 영상에서도 자신의 평소 행동 습관을 보라고는 많이 하지만. 구체적으로는 말을 해준 곳은 없었다. 결국 스스로 찾아야 했다. 정답을 알려주는 곳은 없어, 나는 계속 찾아다녔다. 그리고 평상시 말버릇과 생각이 바로 오랫동안 묵혀 있던 습관이란 걸 알게 되었다. 발견 당시에 즐거움이란 이루 말할 수 없다. 나는 마치 보물찾기처럼 계속 찾게 되었다.

오늘보다 나은 내일을 위해서 나는 즐겁기도 하고, 짜증과 화도 났지만, 애써 즐겁다는 생각으로 지냈다. 하지만 여전히 내 생각과 몸은 게으르고 의욕이 없었다. 자신이 진정으로 원하는 일을 하면 자연스레 없던 힘도 생기고, 컨디션도 최상이라던데. 나는 오히려 반대로 무기력해지고 있었다. 그럴 때일수록 힘을 내라고 하지 않았던가? 힘을 내면서 아침마다 설레는 기분을 느낀다는 생각으로 계속 임했다.

나는 문제점만 찾다 보니 못 찾는 원인을 알게 되었다. 의식적으로 찾으면 절대로 나타나지 않는다는 것이었다. 그래서 다른 방법을 찾아봤더니, 바로 긍정적으로 생각하는 거였다.

긍정적으로 생각할 때 내가 생각하지 못한 말들이나 생각이 계속 나왔기 때문이다. 잡다한 생각이라도 감사했다. 덕분에 시간이 걸리더라도 찾을 수 있기 때문이었다. 그렇게 하나하나 찾으면서 긍정적으로 생각하려고 노력했다. 처음에는 헷갈리기도 했고, 맞기도 했고, 반복해서 했더니, 자연스럽게 조금씩 변화되었다. 청소가 하기 싫었던 이유도 알게 되고, 왜 가만히 눕고 그냥 있고 싶어지는지도 알게 되었다.

청소는 어릴 때 기억으로 하기 싫었던 것이고, 가만히 눕고 싶은 건, 그동안 몸을 많이 움직이고 오랜 시간을 서서 일했기 때문에 집에서 그냥 아무것도 하지 않고 가만히 누워서 TV를 보고 싶은 것이다. 이것이 여유 있는 자들의 생활이라고 믿었다. 그 외에도 정말 많은 생각들이 있었다. 한꺼번에 다 고치려고 하면 오히려 역효과가 나는 걸 경험해서 알고 있었기에, 하나씩 내가 익숙한 패턴에서 벗어나려고 발버둥친 것이다. 책을 보면서 내가 지금 했던 행동의 원인을 찾으려고도 했고, 가만히 생각하면서 다시 그 시간대에 다른 행동을 해보자고 마음먹고 반복적으로 실천하기를 여러 번, 서서히 나는 한 가지에서 두 가지로 다른 습관을 들일 수 있었다. 기존의 익숙한 나의 생활 패턴을 한두 개는 깬 것이다.

조금씩 달라진다는 걸 인지를 못 했지만, 나름 성실하다면 성실하게 지내고 있었다. 하지만 내 삶의 만족도는 조금도 올라가진 못했다. 항상 불만이었다. 무언가가 빠져나가는 느낌이었다. 공허했다. 뭔가 의미 있는 삶을 살기를 원했다. 항상 즐겨보던 TV도 더 이상 무의미하다는 걸 알았다. 변화가 필요했다. 일단 할 수 있는 것이나, 아니면 내가 원하고 하고자 하는 걸 생각해보았다. 그러길 반복하던 중에 근무 중에 카톡이 온 걸 확인했다. 너무도 매력적인 이름이었다. 긍정심리치료사. 지금까지 듣지 못한 것이었다. 나는 평상시에 심리학에 관심이 있었다.

나는 바로 인터넷으로 들어가 확인했다. 개강 날짜가 있었기에 등록을 신청했다. 그 당시 내가 할 수 있는 것이 생겨서 기뻤다. 하지만 애석하게도 딱 여기까지였다. 나의 익숙하게 살아온 귀차니즘이 있었기 때문이다. 결국 나는 수업을 제대로 듣지 못했다.

그때 당시에 후회를 하기도 했지만 그렇다고 계속 거기에 매여 있지 않았다. 오히려 고마웠다. 덕분에 또 하나의 나의 문제점을 발견할 수 있었기 때문이다. 이렇게 나는 점점 새롭게 태어나기 시작했고, 마침내 나에게 기회가 찾아오는 순간이기도 했다. 그리고 기적이 시작됐다.

그동안 나는 익숙함이란 테두리에 갇혀서 변화라는 이름을 시도하려고 하지 않았다. 그건 바로 두려움 때문이었다. 두려움에 발목이 잡힌 나는 시간을 낭비하고 있다는 생각을 못 했다. 하지만 서서히 변화를 시도했고, 조금씩 나아갈 수 있었다. 지금도 여전히 익숙한 패턴들이 있다. 하지만 걱정은 없다. 하나씩 벗어나는 건 시간문제니깐. 그리고 시간이 지나서 느끼는 건 결국 생각으로 나온다는 것이었다.

삶에서 너무도 익숙해져버리면 무기력해진다. 발전이 없다는 것이다.

물론 때로는 좋은 익숙함도 있다. 현재 지금 나는 어떻게 살고 있는지 한 번쯤은 보기를 바란다. 똑같은 일상만을 추구하며 사는지, 아니면 삶의 변화를 바라며 살고 있는지를 자세히 들여다보면 자신이 어떻게 살고 싶은지 알게 된다. 성공자들의 공통점이 있다. 그중 하나는 바로 현재 자신의 삶에서 만족하지 않는다는 것이다. 계속해서 발전하기 위해서 끊임없이 자신과 싸움을 한다. 지금까지 살고 있던 익숙함을 이제는 벗어 던져야 한다. 그리고 두려움과 싸워 이겨가면서 앞을 향해 나아가야 한다. 그러면 기적은 자연스레 찾아온다.

# 04

# 생각을 바로 행동으로 옮겨라

나는 그동안 생각이 많았다. 특히 그중에 잡생각이 엄청 많았다. 생각이 많아서 정말 그 상황에 빠져 혼잣말을 했다. 말 그대로 혼잣말만 했다. 생각은 하지만 실천하기는 쉽다고 생각했던 것만큼 쉬운 일은 아니었다. 생각은 무수히도 많이 할 수 있다. 하지만 막상 실천하려고 하면 쉽게 떨어지지 않았다. 무서웠기 때문이다. 이렇게 했다가는 행여 잘못되면 어떡하지? 괜히 후회하는 일만 생기는 거 아닌가? 여러 가지 생각이 들었다. 특히 자기계발서로 공부하는 사람은 무조건 생각을 실천해야 한다고 했다. 이론은 알지만, 막상 하려고 하면 주저하기를 반복하는 일상이었다.

처음에 실천하라고 했을 때는 이해가 안 갔다. 무엇을 실천해야 하는지 감이 잡히지 않았다. 행동을 실천해야 하는지 아니면 생각을 실천해야 하는지 곰곰이 생각을 해봤다.

그래서 이것저것 해봤다. 평상시에 행동하던 걸 생각하고서 해보기도 하고, 생각을 실천을 해보기도 했지만, 좀처럼 감이 잡히지 않았다. 매일 읽어보고 행동하고, 반복하면서 하루를 지냈다. 그러다 우연히 얻어걸리는 식의 느낌이 오기도 했다. 그러면서 서서히 감이 잡히기 시작했다. 그건 나의 내면이었다. 내면에서 나오는 생각을 실천하라고 하는 것이었다.

깨달음에 바로 내면의 소리를 계속 듣는 건 아니었다. 책에 나오는 내용처럼 목소리가 들리는 것도 아니었다. 오로지 감으로, 느낌으로 내면의 소리를 찾는 것이었다. 느낌으로 찾아내는 건 참 어려웠다. 잡생각도 많고 고민도 많았던 나는 더욱 찾기 힘들었다. 이것이 맞는 줄 알고 실천했는데 아니었고, 낭패 보기도 했고, 실패한 게 더 많았다. 그러면서 서서히 깨달은 것이다. '내가 불안감에 생각이 많아져 더 그런 거구나…. 믿는다고 말만 했지 믿음이 없었구나….' 서서히 내 생각과 상황들을 지켜보게 된 것이다. 이게 자아의 생각인지, 내면의 소리인지 구분하려고 노력을 하게 되었다. 그러고나니 서서히 실천하는 생각들이 달라졌다.

내가 오로지 믿음으로, 행동으로 옮긴 적이 있었다. 아무것도 생각하지 않고, 반드시 된다는 믿음으로 실천한 건 처음이었다. 그 당시에 '한국석세스라이프스쿨' 카페에서 미라클 독서학교 수강 신청을 받고 있었다. 나는 반드시 간다는 생각으로 신청하게 됐다. 나는 주말, 공휴일에 쉬는 직업이 아니었다. 전 달에 한 달 일정이 나오면, 거기에 맞춰서 일하는 시스템이기 때문에 어떻게 휴무가 나올지 모르는 상황이었다. 예전 같으면 고민을 했을 테지만, 별 신경을 쓰지 않았다. 그렇게 지내고 다음 달에 휴무를 확인했다. 아쉽게도 그날은 근무 날이었다. 아쉬움을 뒤로한채 결심했다. 다음 달에는 반드시 간다. 마음먹었다. 그리고 지금도 여전히 이 믿음은 계속 진행되고 있다. 나는 반드시 미라클 독서학교에 간다.

나는 우리 어머니를 보면서 참 대단하다 생각했다. 비록 아버지와 떨어져 지냈지만, 오직 믿음만으로 부부생활을 지내는 걸 옆에서 지켜봤다. 어릴 때는 당연한 듯 보였지만, 성인이 되면서 그 생활이 힘든 생활이란 걸 알게 되었다. 믿음이 있어 가능한 거라는 어머니 말에 깊은 존경심이 들기도 했다. 이 생각이 나면서, 문득 지금껏 믿음은 솔직히 말해서 종교에서나 있을 법한 얘기인 줄 알았다. 실생활에서 믿음을 가지고사는 사람이 얼마나 있을까? 나는 극소수의 사람들 얘기 같았다. 그만큼믿음이라는 전제로 삶을 살아가기에는 삭막한 세상이라고 생각했기 때문이다. 하지만 사람에게 주는 믿음은 실질적으로 대단했다. 믿음이 강해야 느낌을 알고, 실천이 가능하다는 걸 알았다. 말로는 쉬울 수 있으나, 실제 상황에 처하면 믿음을 갖는다는 것이 어렵다는 걸 새삼 깨닫게 되었다.

지금껏 내가 지내오면서 생각을 실천한 게 과연 몇 개나 있을까? 생각을 해봤다. 결과는 거의 없었다. 막상 행동으로 움직이려고 하면 멈추었다. 그리고 나에게 스스로 타협했다. 상황이 이래서 그런 거라고, 그렇게 반복하기를 매일같이 하면서 하루를 보냈다. 생각은 그저 생각에 그치는 거라고 믿었다. 그렇게 나에게 스스로 다독이듯 말했다. 무언가를 사고 싶어도, 무언가를 하고 싶어도, 나는 현실을 탓하면서 생각에 그치는 생활을 했다. 만일 그냥 부딪혔으면 어땠을까? 후회해도 계속 부딪히고 앞으로 나아갔다면 어땠을까? 해냈을 때의 성취감은 어떤 기분이었을까? 이런 생각도 해봤다.

한편으로는 감사한 마음도 든다. 그때 불도저처럼 앞으로 나아갔다면 지금의 소중한 깨달음을 얻지 못했을 뿐더러, 마음가짐, 감사함이 없었을지도 모른다. 더 비관적이었을지도 모른다. 과거의 내 행동들이 결국 자산이 되었으니깐, 오히려 지금 이 순간이 다행인 것 같다.

나는 며칠 전부터 계속 같은 생각이 났다. 귀금속, 세팅펌, 이 두 가지가 계속 생각이 났다. 세팅펌은 그전부터 내가 하고 싶었지만, 실천을 못 했다. 하지만 귀금속은 의외였다. 왜 자꾸 생각이 나는 것일까? 의문이 들었다. 상상 속에서 내가 봐두던 귀금속점에 가서 원하는 액세서리를 구매하는 생각이 종종 났다. 하지만 현실은 귀금속을 구매할 형편이 되지 않았다. 그래서 그냥 그때 내가 너무 마음에 들어서 그런가 보다 했다. 그런데 가지 않으면 안 될 것 같았다. 느낌이 꼭 가라는 기분이었다. 나는 그렇게 며칠 고민을 하다가 휴무 날짜를 확인하고서, 마음먹었다. 그날 머리도 하고 귀금속 보러 간다고, 그렇게 다 일정을 맞추고서 내가 원하는 모습으로 상상을 했다.

펌을 할 때, 어깨 아래로 내려오는 굵은 웨이브에 바깥으로 말린 머리를 상상했다. 자연스러운 예쁜 웨이브 머리를 생각했다. 그리고 귀금속 코너로 가서 내가 마음에 드는 목걸이와 팔찌를 상상했다. 나는 기쁘게 구매를 하고 있었고, 직원도 활짝 웃으면서 나를 맞이하는 상상을 했다. 그리고 그날이 왔다. 나는 내가 생각한 시간보다 늦잠을 잤지만, 이상하게 귀찮다거나, 다음 날로 미룰 생각은 하지 않았다. 시계를 보고서 준비 시간을 생각하면서 간단히 준비했고, 곧장 미용실로 갔다. 사람은 좀 있었지만 금방 머리를 할 수 있었다. 머리를 할 때는 기다리는 시간은 지루했다. 그래도 묵묵히 기다리니 내가 예상한 시간보다 일찍 끝나서 기분이 좋았다.

그리고 놀라웠다. 샴푸 후에 마지막에 머리를 드라이기로 머리를 말리면서 만져주는데, 거기에 있는 직원분이 내 웨이브 방향을 바깥쪽으로 말려주는 것이었다. 내가 상상한 대로 머리가 마무리되고 있었다. 웨이브는 고대기를 한 것처럼 자연스럽고 굵게 이쁘게 됐다. 나는 너무나 기뻐서 원장님께 "최고예요! 머리가 최고로 잘됐어요!" 극찬했다. 원장님과 나는 서로 기분이 너무 좋고 행복해하고 있었다. 뒷머리와 내 모습을 사진 찍고, 어머니 심부름으로 우체국을 잠깐 들른 뒤에, 곧장 백화점에 있는 귀금속 코너로 발걸음을 옮겼다.

나는 내가 본 목걸이가 진열된 곳 앞에 있었다. 내 모습을 본 직원이 한걸음에 달려왔다. 그리곤 웃으면서 나를 맞이했다. 미리 봐두었던 백금에 원형 모형 안에 다이아몬드가 박힌 목걸이었다. 그리고 팔찌가 눈에 들어와 착용해보았다. 꼭 내 거 같았다. 내 마음에 쏙 들었다. 하지만 금액이 만만치 않은 고가이기에, 사야 하는지 고민을 했다. 고민하면서 카드 한도도 한번 슬쩍 보았다. 그리고 또 고민하려다 마음을 고쳐먹고 구매한다고 했다. 제작으로 들어가기에 시간은 2주가 걸렸다. 계약금을 주고, 날짜를 확인하니 놀라웠다. 내가 원고 집필을 끝내기로 한 날짜의 다음 날인 것이다. 내가 태어나서 처음으로 나한테 주는 선물이었다.

많은 생각을 하다 보면 여러 감정에 섞이게 된다. 기분이 좋았다가도,

우울해지고, 화도 나기도 하고, 걱정도 되고, 안심 되기도 한다. 하지만 나는 대부분 안 좋은 기분이 들 때가 더 많았고, 후회도 많이 했다. 생각만 하고서 실천을 안 해 찜찜한 기분도 있었다. 하지만 생각을 점점 행동으로 옮기고 나서부터는 작게는 소소한 느낌, 크게는 큰 기쁨으로 온 적이 많았다. 종종 생각이 나고 실천해야 하나 하는 생각이 드는 순간이 있다. 그건 나와 연결된 우주에서 보내는 신호가 아닌가 싶기도 하다. 나는 마음을 굳게 먹고서 달려왔다. 현실은 비록 불가능한 상황이라도, 생각이 나는 대로 움직였다. 그리고 많이 쟁취했다.

성공자들은 비록 상황이 내가 원하는 대로 흘러가지 않아도, 생각을 옮겨 실천한다면 반드시 성공한다고 이야기한다. 눈앞에 보이는 건 단지 내가 만들어낸 허상이 아닐까 생각을 한다. 나는 지금도 성공을 향해 달리고 있다. 그 미래가 곧 내 앞에 있음을 이제는 안다.

지금 사는 현실에 만족이 아닌 더 나은 미래를 바꾸고 싶다면, 당장 실천부터 시작하라.

05

## 사는 대로 생각하는 삶에서 벗어나라

당신은 현재 현실에 만족하는가? 나는 사람들의 말을 들어보면 현실에 만족하는 경우를 본 적이 없었다. 그만큼 현재 자신이 사는 삶은 불만투성이다. 나 역시 지금까지 내가 살았던 현실에서 만족을 느끼고 산 적은 단 한 번도 없었다. 오히려 불만이 가득했다. 무엇 하나 내 마음에 든 것이 하나도 없었다. 상상에서 나는 너무나 밝고 활기가 넘쳐났다. 무엇을 하든 다 자신감이 넘치고 즐기고 있었다. 반면에 현실은 그 정반대의 생활이었다. 자신감이 없고 실수투성이에 불만이 가득하고 직장이라는 곳이 내 숨통을 조여오는 것 같았다. 무엇 하나 기쁘거나 다음 날을 즐겁게 기다린 적이 없었다.

한때 일을 할 때 즐거운 적이 있었다. 그래서 이게 내 적성에 맞고 그게 세상에 다 전부인 거라고 믿은 적도 있었다. 남들과 똑같이 직장을 다니고 일을 하고 퇴근 후에 사람들을 만나고 일상 얘기하고 한 달에 나오는 월급으로 한 달을 생활하는 삶이 내 삶의 전부라고 생각한 것이다. "그래! 남들도 다 똑같이 이렇게 살아!", "내 능력으로 벌고 먹고살 수 있는데 이 삶도 괜찮은 삶이야!" 이렇게 나를 다독이면서 지내왔다. 현실에 만족해서일까? 더 이상 불만도 없고 평범한 삶으로 계속해서 사는 줄 알았다. 그런데 이상했다. 분명 만족하며 사는 삶인데 무언가가 쑥하고 빠져나가는 기분이었다. 이상했다. 나는 원인도 모른 채 그저 감정 기복이 심한 정도로만 알고 있었다. 하지만 서서히 알게 되었다. 내가 진정으로 원한 삶이 아니었다는 사실을 그저 현실에 타협해서 살아가고자 노력한 삶이라는 것을 알았다.

나는 서서히 지루해지기 시작했다. 똑같은 일에 똑같은 얘기, 똑같은 생활 패턴들 마치 복사, 붙여놓기 이렇게 지내는 것 같았다. 이렇게 사는 것이 도대체 무슨 의미가 있을까? 자주 반문이 들었다. 그렇게 지내기를 반복하다가 오랫동안 묵혀왔던 내가 꿈꾸던 일상이 생각났다. "그래! 나는 이렇게 살고 싶었던 게 아니야!", "나는 자유롭게 살면서 내가 원하는 일을 하고 싶었던 것뿐이야!" 그렇게 내가 살고자 하는 이유와 목표를 다시 찾았다.

그렇게 생각을 하고서 내 이상과 너무 먼 현실에 자괴감에 빠지면서 빠져나갈 방법을 찾아보았다. 생각만 해서는 안 된다고 생각했던 찰나, 우연히 유튜브를 접하게 되었다. 처음에는 찾을 생각을 안 했다. 그냥 궁금했다. 도대체 어떤 것이 있기에 유튜브, 유튜브 하는지 궁금했다. 그러다 시청을 할수록 놀라웠다. 정말 다양한 콘텐츠로 다양한 채널이 존재하는 것이었다.

　그러다 문득 친구가 하던 얘기가 떠올랐다. 유튜브를 해보는 것이 어떻겠냐고? 그때 나는 할 의욕도 없었고, 나랑은 전혀 거리가 먼 얘기 같았다. 그래서 거절했는데 채널들을 보고 나니 알 것 같았다. 하지만 나는 주목을 끌 만한 콘텐츠가 없었다. 그래서 씁쓸한 기분마저 들었다. 그렇게 시청하던 중에 '부자로 가는 길' 이런 자극적인 문구를 보았다.

　나는 망설임 없이 보았다. 하지만 좀 허무한 생각이 들었다. 이유는 간단했다. 원리만 설명하고 일반 사람이 가야 하는 방향에 대한 설명은 없었기 때문이다. 여기저기 비슷한 소재로 관련된 콘텐츠는 올라왔지만, 다 똑같았다. 결국 부에 관련된 채널은 더 이상 시청하지 않게 됐다. 그리고 다른 방법을 찾아보던 중에 우연히 즐겨보던 웹에 올라온 한 자기계발 소설을 보면서 시작이 되었다. 그렇게 기존 생각의 틀에서 벗어나게 된 계기가 된 것이다.

현재 삶을 벗어날 생각은 누구나 한다. 하지만 생각만 하지 방법을 구체적으로 찾지는 않는다. 그냥 만족한다는 것이다. 과연 그렇게 살다 인생이 끝나는 것이 맞는 삶인지 생각을 해본다. 나는 평생을 그렇게 불안 속에서 살다가 인생을 마감하는 삶은 살기 싫었다.

나는 가끔씩 이런 생각을 한다. 사람들은 왜 불평이 많으면서 똑같은 일상으로 지내려고만 할까? 무언가 활력을 찾는 사람들을 보면 보통 취미생활에서만 그치고 변화를 꿈꾸지는 않을까? 새로운 변화를 시도한다고 하면서, 사회에서 규정된 자격증만 줄줄이 따려고 하고 토익 점수만 높이려고 애를 쓸까? 생각의 꼬리를 물고 계속 생각을 해봤다. 그러다 그동안 지내왔던 나의 생각들을 곰곰이 생각해 보았다. 그리고 서서히 알 수 있었다. 삶이 바뀌기는 원하지만, 내 생각은 현재 살고 있는 생활에서 머물고 있었다.

나는 그동안 내가 생각한 것이 맞는 것인 줄 알았다. 하지만 이건 오랜 내 생활을 통해서 묵혀 있던 낡은 생각이란 걸 알게 됐다. 그러면 어떻게 바꿔야 하나? 곰곰이 생각을 해봤다. 처음에는 내 지식으로 생각해서 찾기에는 힘들었다. 어떤 것이 묵은 생각인지 정확히 파악이 안 됐다. 찾는다는 생각을 버리고, 책을 읽게 되었다. 그리고 답을 찾았다. 너무나 단순한 곳에서 찾을 수 있게 되었다. 그동안 내가 지내온 시간들은 오랫동안 내가 우주에 보내는 신호이다. 그것들이 다 이루어져서 살아간다고 적혀 있었다. 그리고 오랫동안 내가 주문한 말버릇들이 다 이뤄지고 있다는 것이었다. '엥? 이게 무슨 말이야?' 처음에는 이렇게 반응했다. 그러고서 계속해서 읽어보았다.

그동안 자신이 말했던 부정적인 말들이 자신의 삶을 스스로 힘들게 살게 한다는 내용이었다. 나는 책을 읽은 후에 생각해보았다. 내가 그동안 말했던 말버릇들…. 평상시에 많이 생각한 부정적인 말들만 생각이 났다. 아무리 생각해도 더 이상 나오지 않았다. 계속 생각을 해서 그런가? 의외로 생활하는 도중에 생각들이 나타나기 시작한 것이다. 참으로 감탄을 하면서도, 참! 많다 이 생각을 했다. 현실에 만족 못 하면서, 이 삶을 벗어나면 굶어 죽는다는 생각, 나는 결국 사회가 만들어놓은 현실을 살아갈 수밖에 없다는 생각, 스펙이 좋아야 좋은 직장을 다닐 수 있다는 생각, 내 돈의 한정은 월급이어야 한다는 생각. 나는 이렇게 살아가야 하는 운명이라고 생각하는 등 다양했다. 결국은 현실에 보이는 대로 나는 내 인생을 열정적으로 쏟아붓고 있다는 것을 알게 되었다.

참으로 허망했다. 하지만 현실이 이런데 어떻게 살아가야 한다는 것인가? 방법이 있는 건가? 방법은 있었다. 바로 내가 꿈꾸는 미래를 생각하면서 말하는 것이었다. 일종의 음식이나 커피를 마시고 싶을 때 주문하는 것처럼 명확하게 하는 것이었다. 애석하게도 나는 꿈이 없었다. 바로 실행하지 못했다. 그러다 책에 여자 주인공이 나하고 비슷한 상태인 걸 알게 되었다. 읽을수록 점점 자신이 원하는 일을 찾고 있었다. 그리고 나도 외쳤다.

"나는 새로운 세계에 뛰어들어 자신감이 넘치는 일을 하고, 1년 안에 내 모든 빚을 다 갚았어!"
"그리고 나는 성공하는 삶을 살았어!"
"나는 성공했어! 나는 부자가 됐어!"

나는 외치면서 여자 주인공처럼 빠른 시간 안에 깨달음을 얻고, 내 일을 찾고 확 달라진 삶을 살고 있을 거라는 희망을 가졌다. 이제 본격적으로 달리는 시간이 시작된 것이다. 하지만 여주인공처럼 금방 나타나지는 않았다. 나는 시간이 좀 걸렸다. 그동안 내가 할 수 있는 방법은 다 쓴 것 같다. 실망도 하고 포기할까 생각도 하지만 꼭 찾는다고 생각하면서 계속 간절히 원했다. 그리고 마침내 찾을 수 있었다.

사람들은 자기계발서를 읽으면서 삶이 변화하기를 바란다. 하지만 바로 나타나지 않기에 금방 포기해버리고 자신의 일상으로 다시 들어간다. 나 역시 그냥 내 일상으로 돌아가 똑같은 생각으로 보내고 싶은 적이 한

두 번이 아니다. 하지만 끈기를 가지고 계속 기다렸기에 마침내 찾았고 미래를 위해 열심히 달리고 있다.

나는 그동안 살면서 내가 그렇게 부정적이고 살고 있는 현실이 안정적인 울타리라는 생각을 전혀 하지 못했다. 그냥 내가 살아가는 게 힘들어서 책을 읽었고, 단순히 부정적인 것만 있는 것이 아니란 걸 깨달았다. 내가 현실이란 곳에 타협을 하고 거기에서 안주하기 위해서 내가 사는 대로 생각을 하면서 살았다. 하지만 이것이 우물 안에 개구리란 걸 책을 통해 알게 되었다. 자기계발서를 보면 저자들 혹은 성공자들은 하나같이 공통점이 있다. 그건 바로 생각이다. 현실에서 현재 자신이 살고 있는 삶대로 생각하고 움직이지 않는다는 것이다. 다음 미래를 향해서 더 발전될 무언가를 생각하고 산다는 것이다.

정말 자신의 삶에서 벗어나기 위해서는 현실에 안주하고 살고 있는지, 두려움에 벗어나지 못하고 있는지, 혹여 다른 무언가가 자신의 발목을 잡고 있는지, 생각을 해보기를 바란다.

기존의 틀에서 벗어나지를 못하면 발전도 없고 똑같은 일상만 살기 때문이다. 이제 사는 대로의 생각을 벗어버리고 더 찬란한 미래를 향해 나아가길 바란다.

## 나는 할 수 있다, 잘될 것이다

　나는 가끔 이런 생각을 한다. 사람들은 과연, '할 수 있다.'와 '할 수 없다.' 이 두 가지 말 중에 어떤 말을 평상시에 가장 많이 할까? 그리고 나도 많이 했던 말을 생각해보았다. 과거에는 정말 '할 수 없다.'라는 말을 달고 살았다. 그리고 지금은 '할 수 있다.'는 말을 더 많이 한다. 많이 상반된 결과다. 지금도 나도 모르게 '할 수 없어!'라는 말이 나오기도 하지만, 그건 이제 그렇게 신경 쓰지 않는다. 긍정적으로 말을 하면 인생이 달라진다고 한다. 실제로도 많이 달라진 걸 경험한다. 내가 이 말을 계속하는 이유는 있다. 이 말 하나로 하루의 시작이 정말 많이 다르다는 걸 알기 때문이다.

나는 지금까지 지내면서 말 한마디가 하루의 일과를 좌지우지한다는 걸 느낀다. 부정적인 삶에서도, 긍정적으로 사는 삶에서도 결국 말 한마디가 굉장히 중요하다. 지금 자신이 이 글을 읽는 순간에 어떤 생각으로 말을 하는지 한 번 보기를 바란다. 긍정적으로 받아들이는지, 아님 부정적으로 받아들이는지, 순간적으로 드는 생각이 결국 자신이기 때문이다.

나는 성취해서 나오는 기쁨보다 좌절해서 겪는 슬픔이 더 많았다. 그때마다 드는 생각은 '나는 안 돼! 나는 할 수 없어! 나는 왜 안 될까? 왜 나는 실수만 할까?' 이런 것이었다. 이런 생각이 나를 더욱 부정이라는 세상으로 몰고 갔다. 말이 씨가 된다고 했던가? 정말 하는 일마다 다 안됐다. 정말 모든 게 짜증이 났다. 길을 가다 다리가 살짝 삐끗해도 재수가 없다고, 모든 게 다 재수 없다고 생각을 했다. 실제로 정말 재수가 없었다. 나도 운이 좋고 좋은 일들만 생기고, 웃음이 가득한 하루를 보내기를 바랐다. 가끔 이런 상상을 하면 기분이 좋았다. 하지만 눈을 뜨면 여전히 재수가 없는 나의 하루는 똑같았다. 사람이 한번 생각을 하면 정말 밑도 끝도 없이 밑으로 내려간다는 말을 나를 통해서 실감할 정도였다.

나는 항상 책을 읽으면 충격을 많이 받았다. 이것 또한 생각으로 이뤄낸 결과라니…. 역시나 처음에는 믿을 수가 없었다. 말이 안 된다고 생각했기 때문이다. 내 눈에 보이는 현실이 지금 내가 살고 있는 모습인데…

이게 상상의 결과물이라니…. 나는 순간적으로 멍하니 있었다. 그리곤 항상 마음을 바꿔먹었다. '그래, 기왕 시작한 거 해보자!' 결심하고 나서 실천에 돌입했지만, 진짜 힘들었다. 무의식과 의식의 싸움이기 때문이다. 안 된다는 생각을 하다가도 '아니야~, 할 수 있어~. 나는 뭐든지 다 할 수 있어.' 이런 식의 상반된 말을 계속했다. 말을 바꾼다고 해도 내 생각, 행동 생활 다 그대로였다.

이러다 부정적인 생각만 더 드는 건 아닌지 걱정도 했다. 이럴 때마다 매번 포기하고 싶었다. 하지만 정말 달라지고 싶었기에 이 악물고 계속 의식적으로 말을 했다. 현실은 그대로여도 나는 바뀐다는 믿음이 강했기에 계속 실천을 했다. 그리고 시간이 지나면서 서서히 변해갔다. 말과 행동이 내가 알지 못하는 사이에 야금야금 달라진 것이다. 어느 순간부터 하루를 보내는 모든 순간 순간마다 결과는 항상 좋은 일이 일어난다는 생각으로 자연스럽게 주문을 넣고 있었다.

지금도 나는 실제로 일어나는 현실에서 긍정과 부정 사이에서 항상 싸운다. 아무리 긍정적으로 다가가도 부정적인 생각이 스멀스멀 올라오기 때문이다. 그렇다고 해도 잠식되지는 않는다. 이제는 그 생각에 빠지기 전에 알아차리고 빠져나오기 때문이다. 그때마다 외친 말이다. '나는 할 수 있다. 나는 다 잘할 수 있다.' 하루에 힘이 들 때나, 내가 경제적으로 어려운 상황에 처하면 '나는 다 잘 된다. 지금 다 잘 됐다.' 이렇게 수없이 반복했다. 그럼 순간적이라도 마음이 가벼워지고, 시간이 지날수록 편안해졌다.

책에서 보면 저자는 긍정적으로 말을 하면 다 이루어졌다. '없다'는 말에는 '있다', '못 한다'는 말에는 '한다', '이루어지지 않아'에는 '이루어졌어'. 이렇게 외칠 때마다 이루어지는 상황이 신기했다. 거기에 매료되어 더욱 열심히 했는지 모른다. 한때는 진짜 이루어지는 거 맞는 거지? 생각을 할때도 있었다. 알라딘의 램프에 나오는 지니처럼 갑자기 이루어진 건 아니기 때문이다. 나는 긍정적으로 다가가도 내 마음대로 흘러가지 않았을 때가 힘들었다. 내 상상은 다 이루어져 나는 웃고 있지만, 현실은 한숨과 함께 스트레스의 연속이기 때문이다.

그때 상황에 따라 계속 긍정적으로 다가갔다. 하지만 이뤄지는 것보다 이뤄지지 않는 게 더 많았다. 짜증도 났다. '왜 이뤄지지 않는 거야?' 이런 생각이 들다가도 책에 나오는 내용을 생각했었다. 그리고 내 주문을 생각을 해봤다. '그래 이뤄졌어! 나는 할 수 있어.' 다시 마음을 잡기를 여러 번 반복했다.

나는 그동안 주문을 가장 많이 한 것이 경제적 상황, 일이 가장 많았다. 나의 경제적인 상황은 항상 제자리였고, 일은 매일 실수하고, 실패하기를 여러 번, 정말 내가 생각해도 박수가 나올 정도로 심했다. 그때마다, '나는 다 해결했어, 나는 일을 잘했어.' 이렇게 반복하는 시간을 얼마나 많이 보냈는지…. 지금 생각해보면 그 정도로 절박했기 때문에 하루에 기본으로 수십 번씩 말했다. 한번은 영화 〈알라딘〉을 보는데 램프를 가진 남자 주인공이 부러웠다. 정말 뭐든지 말만 하면 다 이뤄주는 요술 램프였기 때문이다. 어쩔 때는 하루 종일 나도 램프가 있었음 좋겠다는 생각이 들기도 했다. 그러다가도 '시간차가 있으니 괜찮아, 나만의 마법 램프가 있어.' 하고 나를 다독이면서 상황을 극복하려고 노력을 했다.

나는 책을 읽었던 내용이 생각이 났다. 주문을 하면 물건이 배송 지연으로 늦어지듯이, 주문도 마찬가지라고 했다. 그동안 부정적으로 살아온 우주 파이프를 청소해서 우주로 닿아 이뤄지는 시간이 걸리기 때문에 시간차가 생기더라도 이뤄진다는 믿음을 가지라고 했다. 나는 한참 생각을 했다. 늦어지는 경우가 있다고 했다면 지금 내 상황도 조금 늦어지는 것 뿐이지 결국에는 이루어지는 중이라는 생각이 들었다. 물론 불안하기도 했다. 상상에 모든 걸 다 맡겨야 하기 때문이다.

나는 문득 생각이 많아지는 날에는 불안했다. 그래서 더 많은 생각이 오가면서 불안하기도 편안하기도 하고 계속 반복되었다. 나라는 사람이 잘나가는 사람으로 보이고 싶은 마음에 무의식적으로 말을 내뱉기도 했다. 그리고 후회를 하는 반복된 삶, 참 왜 이렇게 후회하는 생각이 많았는지…, 그만큼 생각이 무섭다.

나는 실수에 예민한 편이었다. 나의 무능함을 증명하는 증거 같았다. 그래서 용납이 안 됐다. 나를 더 혹독하게 꾸짖었다. 하지만 여기서 말을 바꿔보기로 결심을 했다. 사소한 실수가 발생하던, 좀 크게 실수를 해도 '괜찮아. 그럴 수 있지! 잘했어!', '너는 할 수 있어!', '괜찮아! 그러면서 배우는 거야! 할 수 있어!' 나를 다독이면서 일을 했다.

똑같은 실수를 반복해도, 왜 실수하는지에 대해서 생각을 하면서 지내니 오히려 발전하는 것이었다. 10번 같은 실수를 한다고 하면 5번으로 줄어들고, 자책을 하려다가도 오히려 나를 더욱 응원해줬다. 완벽한 건 아니지만 많이 줄어드는 게 보였다. 그래서 자신감도 생겼다.

나는 살아가면서 나한테 응원을 주고 용기를 주지 않았다. 정확히 말하면 그런 생각을 안 했다. 사랑으로 감싸 안고 품어주는 것보다, 엄하게 꾸짖어 냉정히 현실을 바라보고 완벽한 삶을 살고 싶었기 때문이다. 하지만 세상은 내 마음대로 움직이지 않았다. 세상에 맞춰 살려고 했던 나는 스스로 더욱 힘들게 한 것이다. 그러나 이제는 세상이 아닌 내 인생에 맞춰서 하나하나 바꾸니 오히려 더 편안하고 여유로운 생활을 즐길 수 있게 되었다.

나는 그동안 나만 자책하면서 살고 있는 줄 알았다. 하지만 주위를 둘러보면 의외로 많은 사람이 스스로 자책하는 삶을 살고 있다는 걸 알았다. 자신을 책망하기보다는 적어도 스스로 한마디 응원을 한다면 같은 힘든 상황에서도 조금이라도 용기를 얻어 살아갈 희망이 생긴다. 할 수 있다는 말로 계속 응원한다면 자신감이 생기고, 잘된다는 말을 하면 힘든 상황을 더 단단한 마음으로 이겨 낼 수 있다. 당장 바로 해결할 수 없는 상황이라도 내가 어떻게 받아들이냐에 따라서 결과는 충분히 달라질 수 있다.

이제부터 심호흡을 크게 내쉬고 앞으로 잘할 수 있다는 자신감과 나는 모든 것이 잘된다는 믿음을 가지고 험난한 세상에 맞서 이겨나가길 바란다. 그렇게 받아들이고 살아간다면 진정한 자신의 인생에 승리자가 될 것이다.

## 행복하지 못한 사람들의 공통점

사람은 누구나 행복하기를 바란다. 하지만 진정으로 행복한 사람들은 몇이나 있을까? 겉으로 보기에는 행복해 보여도 저마다 안에는 각자의 고민이 있다. 자세히 대화를 듣고 있으면 본인의 행복을 모르는 사람들이 더 많다. 고민을 얘기하면서 결국엔 불만들, 부정적인 말들이 더 많다. 나는 진정한 행복이란 무엇일까 하는 생각이 들었다.

일상에서 행복하다고 하면서도 알게 모르게 불행한 사람들, 나만 행복하지 못한 줄 알았다. 하지만 아니었다. 행복을 느낄 수는 있지만, 일상이 불행하다고 믿는 사람들도 많다는 걸 실감했다.

나는 모든 것이 부정적인 말이고, 무슨 말을 듣든 다 부정적으로 생각을 했다. 설상가상으로 이런 종류의 친구까지 있으니 점점 더 꼬였다. 상대방이 무슨 말을 하면 나를 무시한다는 생각에 화도 많이 냈다. 한때 내 별명은 '버럭유진'이었다. 그 정도로 화를 잘 냈다.

지금 돌이켜 생각해보면 왜 그렇게 화를 냈는지, 이해가 가지 않는 것이 한두 가지가 아니었다. 하지만 원인은 알 수 있었다. 부정적인 에너지가 엄청 상승세를 탔기 때문에 스스로 그렇게 만든 것이라는 걸 알고 있었다. 어쩌다가 내가 이렇게까지 변했을까? 의문이 들기도 했다.

시간이 점점 흐르고 꿈을 멈춰버리고, 방황의 길로 들어서면서 나 스스로 이렇게 만든 거라고 생각을 했지만, 어쩌면 처음부터 예견된 상황이 아닐까 하는 생각도 들었다. 어릴 때부터 나는 자존감이 낮은 아이였고, 말도 제대로 못 하는 아이가 제대로 성장하지 못하고 포기란 단어부터 알게 되었고, 그렇게 커서 지금의 내가 만들어진 것 같았다.

쎈 사람이 되면은 내 인생 또한 달라질 거라고 믿은 적이 있다. 그래서 말을 쎄게 하기 시작했고, 눈빛도 강렬하게 하는 연습도 했다. 하지만 이런 노력이 오히려 부정적으로 성장하게 만들 줄 누가 알았으랴? 알았다면 절대로 안 했을 것이다. 그만큼 살아남고자 하는 처절한 노력이었다.

처음에는 뿌듯함으로 즐거웠고 행복한 줄 알았다. 어찌된 영문인지 점점 행복과는 먼 불행으로 다가오기 시작한 것이다. 매일 말하고 난 후에 말실수로 후회를 하고, 자책, 반복의 연속이었다. 매일 하는 말이 '내일은 안 그래야지! 지금부터는 그러지 말아야겠다.' 맹세를 했지만 이미 살아온 습관이 어디가랴? 똑같았다. 매일같이 그때의 상황들과 말을 생각하면서 이럴 때는 이러지 말아야지 생각했지만 결과는 항상 똑같았다.

책에서 결국 불행은 자신에게 달렸고, 행복 또한 자신에게 달렸다는 것을 알았다. 하지만 어떻게 해야 자신이 행복하게 사는지를 몰랐다. 알고 싶어졌다. 방법은 간단했다.

그건 바로 자신을 사랑하는 거였다. 신선한 충격이었다. 자신을 사랑해야 행복해지다니! 도대체 방법은 무엇일까? 자신이 사랑받는 존재라는 것을 계속 무의식에 입력해야 한다는 것이다. 계속 자신에게 사랑한다고 말하고 자신이 바라는 모습으로 계속 칭찬하라는 것이었다.

처음에 거울을 보고서 말했다. "유진아! 너무 이뻐! 너무 아름다워! 우와 너무 날씬하다!" "유진아! 사랑해!" "유진아 너무 행복해!" 이렇게 말을 하고 난 후에 닭살과 손이 오그라들었다. 이게 정말 효과가 있다고? 심지어 의심까지 했다.

하지만 돌이켜 생각을 해보면 자신이 예쁘다고 생각하면서 지낸 시간, 내가 못생겼다고 자책했던 모습을 생각해보면 일리는 있어 보였다. 그 뒤로 나는 행복해지기 위해서 계속 나 자신에게 사랑한다고 원하는 모습을 생각하면서 끊임없이 말했다. 이유는 간단했다. 내가 행복해지기 위해서 자신을 가꾸기 시작한 것이다. 그렇다고 드라마틱한 상황으로 역전된 건 아니지만 서서히 변화는 있었다. 적어도 자신이 못생겼다고 자학하거나 마냥 불행하다는 생각은 멈췄다. 점점 나의 일상에서 행복한 이유를 찾게 된 것이다.

자신은 어떤 결핍이 있는지를 아는가? 보통 결핍하면 애정 결핍이 떠오를 것이다. 무엇인가 부족할 때 나오는 단어, 결핍. 대부분의 사람은 자신에게 결핍은 없을 거라고 생각을 할 것이다. 나 역시 결핍이 있을 거라고 생각을 못 했고, 당연히 없다고 생각을 했다. 하지만 시간이 지나면서 나 또한 많은 결핍을 가진 채 살아왔음을 알았을 당시에는 놀라움뿐이었다. 그중에 나는 돈에 대한 결핍이 가장 심했다. 가난하게 산다는 것, 돈이 없을 때 오는 두려움, 나는 항상 돈의 결핍에 초점을 맞추고 지내왔다. 그래서일까? 나는 돈이 있어도 무섭고, 없어도 무서웠다. 어느샌가 돈은 나에게 무서운 존재가 되어버린 것이다.

나는 돈이 많으면 무조건 행복해지는 줄 알았다. 돈이 인생의 전부라고 생각했다. 돈이 있어야 원하는 걸 사고, 돈이 있어야 살아갈 수 있고, 돈이 있어야 아파도 안전하다고 생각했고, 급한 일로 급전이 필요할 때 역시 바로 쓸 수 있는 돈이 있어야 한다고 생각했다. 그만큼 돈으로 많이 울어봐서 돈의 필요성이 절실히 느껴진 것이다. 동시에 거지 생각이 정말 내 안에 크게 있었다. 내가 하는 말버릇은 항상 '돈이 없어, 나는 거지야, 왜 항상 나는 돈이 없는 걸까? 왜 나는 돈이 항상 새나가는 걸까?'였다. 늘 이런 생각들로 가득했다. 정말 돈이 없으면 당장에 죽을지도 모른다는 압박이 나를 짓누르고 있었다.

하지만 반면에 이런 생각도 들었다. '행복한 사람은 돈도 많던데, 불행한 사람도 돈이 많고, 그런데 왜 나는 돈이 없지? 나도 돈이 하늘에서 뚝 떨어졌으면 좋겠다.' 하늘에서 기적처럼 돈다발이 후두둑 떨어지길 기도한 적도 있었다. 하지만 생각을 해보면 돈이 있어도 행복한 건 아니었다. 이 돈이 행여 다 사라져버리면 어떡하지? 난 계속 불행하게 살면 어떡하지? 일어나지도 않는 일에 걱정부터 했다. 그래서일까? 돈을 쓰는 게 항상 두려웠고 불편했다. 나에게는 돈을 쓰는 것이 좋은 인식이 아닌 나쁜 인식으로 박혀 있었던 것이다.

어느 날은 어머니하고 집에서 TV를 볼 때였다. TV에서 불우이웃을 돕는 거액의 기부를 하는 모습을 본 것이다. 나는 순간적으로 이런 생각을 했다. '나도 가난한데 나한테 기부 좀 하지. 저 돈이 나한테 오면 나 정말 행복하게 살 텐데. 있는 사람들은 나 좀 도와주지.' 혼잣말로 중얼거렸다. 나는 스스로 가난하고 동정하라고 주문을 한 것이다.

나에게 있어 가장 행복하지 못한 순간은 바로 돈이었다. 돈만 있었으면, 그렇게 힘들게 살지 않았을 텐데…. 돈만 있었으면 빨간 딱지를 붙이는 장면을 안 봐도 됐을 텐데…. 돈만 있었으면 내가 정말 필요한 순간에 절절 매거나 힘들어하지 않았을 텐데…. 이 모든 것들이 나를 불행하게 만드는 거라고 믿었다. 하지만 진정한 본질은 바로 가난한 나의 마음이었다.

이 모든 것이 다 내가 가난하게 사는 큰 이유인 걸 알았다. 스스로 가난하다고 계속 외치니 진짜 현실은 항상 가난한 것이다. 매일 다르게 생각하고 살았다면 젊은 나이에 빨리 성공했을지도 모른다는 생각을 가끔 했다. 하지만 사람은 다 때가 있는 법. 나는 지금이라고 생각한다. 어쩌면 이 두려움을 간직한 채 도전했다면 오히려 실패할 확률이 더 높았을 것이다.

나는 이 두려움에 현실의 안전한 곳을 찾았는지도 모른다. 본질은 안전한 울타리에 안착하고 싶으면서 마법처럼 기적이 왔으면 하는 드라마

틱한 상황을 꿈만 꾸고 시간을 보낸 건지도 모른다. 결국에는 아무것도 이루지 못하고, 무언가를 제대로 해내지도 못했다.

그저 바라기만 하고 행복하기를 원했다. 하지만 동시에 지금 지내는 현실을 안전한 울타리라고 단정 지은 면도 있었다. 나는 책을 읽지 않았고, 바뀌고자 하는 마음이 없었다면 내 안의 숨은 결핍이 무엇인지도 모르고 세월만 보냈을지도 모른다. 하지만 다행스럽게도 나는 찾게 되었고, 그동안 나를 옭아매던 올가미로부터 벗어날 수 있었다.

지금껏 살아오면서 나는 행복하게 살기 위해서 노력을 얼마나 했는지 생각해보았다. 하지만 돌이켜보면 행복이 아닌 불행에 초점에 맞추고 거기에 맞추어 생각하고 행동하고 결국 현실에서 마주치게 된 것이다. 하지만 지금은 예전과는 다르다. 내 꿈을 찾았고, 책을 읽으면서 깨달음, 본질에 마음 형태, 내가 생각하고 받아들이는 마음, 이 모든 것들이 서서히 나를 변화시켰고 긍정에 다가가면서 서서히 나에게 행복이 찾아왔다. 행복은 멀리 있는 게 아니었다. 그저 내 안에서 잠을 자고 있던 것뿐이었다. 서서히 행복이 깨어나면서부터 내 삶은 희망이라는 아이가 찾아왔고, 현실은 그저 과거의 내 생각의 결과물이라고 생각한다.

행복하지 못한 사람들은 마음속 깊숙이 무언가에 얽매여 있다. 얽매여

져 꽁꽁 싸여 있는 베일을 벗기고 마주한다면, 생각과 받아들이는 마음이 정말 다르다는 걸 알게 될 것이다. 이제 진정으로 본인이 원하는 인생을 시작하고자 한다면, 과감히 자신의 안전한 틀에서 나와야 한다. 한 발 앞으로 내딛고 자신의 진정한 세상으로 나와야 한다. 그리고 자신이 원래 가지고 누려야 할 것들을 쟁취하고 마음껏 누려야 한다.

## 좀 더 나에게 솔직해지자

나는 그동안 나에 대해서 잘 알지 못했다. 정말로 원하는 것들은 되려 외면을 했기 때문이다. 그래서일까? 나는 자신을 잘 알고 말하고 행동하는 사람들이 부러웠다. 하지만 책을 읽고 생각이 서서히 바뀌면서 사람들과 얘기하면 문득 이런 생각이 들었다. 사람들은 자신에 대해서 얼마나 잘 알고 있을까? 잘 아는 것 같으면서 잘 모르는 듯한 말들을 한다.

어쩜 나처럼 진정으로 원하는 것들을 나처럼 외면하는 모습도 종종 보이곤 했다. 어디서든 이런 말은 종종 들었다. '솔직해지라'는 말. 쉬워 보이면서도 가장 어려운 말이 솔직해지는 것이었다.

나는 그동안 사람들에게 늘 하던 얘기가 있었다. 그건 바로 '나도 나 자신을 잘 모른다.'였다. 내가 무엇을 좋아하는지, 무엇을 원하는지, 아는 것 같으면서도 잘 몰랐다. 그래서일까? 유독 나에 대해 잘 안다고 자부하면서 나를 가르치려는 사람도 있었다. 보호한다는 목적 아래 보호가 아닌 구속에 가까운 연애도 해봤다. 그때마다 '나는 왜 이리도 복이 지지리도 없는 걸까?' 하면서 한숨을 내쉬었다.

나는 매사에 거짓말쟁이었다. 나는 원하는 것 없이 욕심 없이 산다고 거짓말을 입에 종종 달고 살았다. 행여 내 본심을 말하면, 조롱할까 겁이 났고, 혹은 현실성이 없다고 타박을 하는 등 온갖 부정적인 소리가 다 나한테 올 것 같았다. 그래서 매사가 거짓말이었다. 사실은 두려웠던 것이다. 그건 바로 '꿈의 부재'였다. 내가 부자를 꿈꿔도 정확히 어떻게 이루는지 몰랐기 때문일까? 아무런 준비도 없이 마냥 부자만 바란다고 하는 사람들의 말이 무서웠다.

꿈 없이 산다는 건 말 그대로 나는 눈을 뜨고 공기를 마시고 일을 하면서 살고는 있지만 살아 있는 죽은 사람이나 마찬가지였다. 어릴 때부터 꿈꿔온 삶이 있었지만 한번 좌절을 하면서 더 이상 꿈을 꾸지 않았다. 이제 나에게는 아무것도 없다는 생각과 지나간 나의 꿈에 집착만 할 뿐이었다. 신세타령, 세상의 원망, 나의 환경 원망, 그 외에도 줄줄이 부정적인 생각과 말들만 술술 나왔다. 나를 더욱 과거로 몰아갔다. 정말로 꿈은 없다. 끝이라고 생각을 했다. 그래서일까? 나는 아무런 의욕도 없었고, 더이상 나 자신에게 솔직하지도 않았다. 오히려 하고 싶은 것이 있으면 부정적인 것을 심으면서 밀어내기만 할 뿐이었다.

꿈이 없다는 건 미래도 없다는 말이다. 나는 그 말에 공감했다. 공감은 하면서도 나는 그동안 새로운 꿈을 가진다는 것 자체를 생각을 못 했다. 특출나게 잘하거나 무엇 하나 내세울 것이 없기 때문이다. 그래서 유일한 나의 재능인 그림 그리는 것에 집착했을지도 모른다. 하지만 이 생각들이 오히려 나를 불행하게 하고 살아갈 길이 아닌 걸 알기에 좀 더 집중적으로 생각해봤다. 자아에 맡겨서 그런 것일까? 아니면 내 안의 욕망이 깨어나질 못해서 그런지 찾기 힘들었다.

그래서 나의 생각과 마음에 솔직해지기로 마음먹었다. 제일 먼저 가장 내가 바라는 모습을 생각을 해보았다. 누구보다 빛나고 열정적으로 내 삶을 살아가는 나의 모습이었다. 무언가를 걱정하는 자신이 아닌 더 발전된 삶을 연구하는 나의 모습이 내가 진정 원하는 모습인 걸 알게 되었다. 그리고 반드시 이루어진다고 믿게 되었다.

나는 그동안 내가 진정 원하는 모습은 있지만 어떤 일을 하면서 하는지 그 꿈을 찾지 못했기에 나에게 솔직하지 못했다. 오히려 상자에 물건을 구겨서 집어넣듯이 집어넣고 꺼내지 못하게 하려고 했다. 하지만, 이 행동들이 오히려 나를 더 긴 시간 동안 돌아오게 했다는 생각을 종종 한다. 과연 자신에게 솔직한 사람은 몇 명이나 있을까? 문득 이런 생각을 한다.

현재 사회는 말로는 계급이 없는 사람들 모두가 평등한 사회라고 한다. 과연 그럴까? 나는 아니라고 생각한다. 현재는 철저하게 계급으로 나뉜 사회라고 생각한다. 과거가 양반과 노비 사회라고 한다면 지금은 과거와 뭐가 다른가? 부자, 가난뱅이, 사장, 직원, 공무원, 이렇게 다양하게 나뉘어 있다. 이 세계는 철저하고, 상하 관계가 성립되어 있다. 여기서 부자나 사장이 아니면 직원이 자신의 뜻대로 능력을 펼칠 수 있는 사람이 과연 몇이나 있을까? 자신의 생각을 소신대로 말하면서 일을 하는 사람은 과연 몇이나 될까? 생각을 해본다. 보통 자신에게 주어진 일을 성실히 해내고 거기서 성취감을 얻는다. 옳고 그릇된 일은 과감히 지적하거나 소신 발언을 하지도 못한다. 철저하게 계급사회에서 지낼 뿐이다.

나는 직장생활을 하면서 답답했다. 내 생각을 말할 수 있는 상황보다는 윗사람이 지시하는 거를 성실히 이행하는 것뿐이고, 행여 무언가 잘

못됐을때 내가 좀 억울하다고 생각해도 발언할 수 있는 기회는 전혀 주어지지 않았다. 그저 잘못했기에 잘못했다고 인정만 하는 것이다. 시스템이 이건 아니라고 생각이 들어서 얘기를 해도 위에서 이렇게 하니깐 어쩔 수 없다라는 말을 듣고 포기하고 일을 할 수밖에 없는 것이다. 생각 없이 사는 노예와 현재 내 모습과 똑같다는 생각만 들었다. 가장 기시감이 든 것은 철저한 계급사회였다. 아랫사람은 윗사람에게 항상 공손해야 하고, 감사해야 하며 당연히 모든 걸 받아들여야 한다는 것이다. 자신이 평범한 직원일 때는 나는 저러지 말아야지 하는 생각이 들지만, 자신이 그 위치에 올라가면 똑같은 말과 행동을 한다. 흔히 말하는 꼰대가 되는 것이다. 계급사회에서는 나라는 존재는 없었다. 그저 일을 시키면 묵묵히 성실히 해야 하는 사람인 것이다. 일을 할 때마다 동료들을 둘러보면 성실히 자신의 일을 만족하기보다는 먹고살기 위해서 일하는 사람들이 대부분이었다.

환경은 나를 그저 일만 하는 기계로 만들 뿐이었다. 철저하게 나라는 존재가 없는 세상에서 짜인 생활에 충실하고 열정적으로 충실히 임무를 완수하는 사람인 것이다. 나는 집에 오면 만족감보다는 허탈감이 종종 왔다. 그리고 가끔 어릴 적에 성인이 됐을 때의 모습을 상상했던 순간도 생각이 났다. 성인이 되면 모든 걸 다하고 멋지게 살 수 있을 것 같았다. 하지만 현실은 어릴 적 상상이 무참히 깨져버린 어른의 세계인 것이다. 이렇게 살려고 태어난 건 아니었다. 나는 무언가 터닝포인트가 필요했다. 변화가 필요한 나를 이 지긋지긋한 곳으로부터 탈출시킬 무언가가 필요했던 것이다. 일단은 제일 먼저 내가 살고 있는 현재를 생각해보았다. 하지만 역시나 왜 이러고 사는지 전혀 알 수가 없었다. 그냥 눈앞에 보이는 이 상황을 도대체 무슨 수로 알 수 있는지 전혀 감이 오지를 않았다. 답답한 마음으로 평상시에 보던 책을 보았다. 책에서는 각자 자신만의 고충이 있었고, 험난한 과정이 있었다. 그러던 중에 알게 되었다.

첫 번째는 자신이 원해서 지금 이렇게 살고 있는 모습이었고, 두 번째는 자신을 발전할 의지도 없이 그냥 그 모습을 인정하고 만족하고 사는 것이다. 나는 의아했지만 생각해보면 맞는 말이었다. 일단은 먹고살아야 하니, 돈이 필요했고 그러려면 직장이 필요했다. 지루하고 지겨워도 이렇게라도 살아야 하니 꾹 참으면서 살아간 것이다. 월급날만 기다리면서 산 내 삶이 슬펐다. 나는 고작 그 돈을 벌기 위해서 뼈빠지게 일하고, 쥐꼬리만 한 월급을 받는데 만족했다니 생각해도 참 어이가 없었다. 그러면서 부자를 꿈꿨다니…. 마치 공상세계에서 빠져나와 현실을 보는 기분이었다. 그리고 인정했다. '그래, 내가 원해서 산 삶이야!'

지금껏 나에게 솔직하지 못한 것을 인정했다. 그냥 사는 게 이러니 살아야 한다고 무감각해지려고 한 것이다. 나 스스로 직장이라는 노예 생활로 밀어 넣은 것이었다.

직장을 다니든 평상시 생활을 하든 자신에게 솔직하지 못하고 감추고 지내왔다는 걸 점점 깨닫게 되었다. 그리고 미안했다. 평상시에도 사람들에게 생각을 좀처럼 소신 있게 말한 경우가 없기 때문이다. 그냥 다른 사람이 얘기하는 것을 그저 듣고 그대로 따라 하려고 했을 뿐이다. 그래야 내가 인정을 받고 살아남을 수 있다고 생각했기 때문이다. 하지만 이건 철처하게 내가 잘못 생각한 것이라는 것을 알게 되었다. 오히려 나를 자존감이 낮은 사람으로 만든다는 사실에 상당한 충격이었다.

이제 나는 현실은 그냥 현실일 뿐이라고 인정한다. 내가 선택한 결과인데 어떡하랴? 하지만 달라졌다면 내 감정, 내 생각에 계속 집중을 한다는 것이다. 그래야 내가 어떤 상태이고, 무엇을 바라는지 알게 되기 때문이다. 설사 현실서 당장 이루어지지 못하는 것이라도 이제는 상관없다. 그것이 진정 바라는 것이고 앞으로 내가 펼쳐나가야 할 미래이기 때문이다. 수없이 회의감이 들고 자신이란 존재가 없는 것처럼 느껴진다면 좀 더 자신에게 솔직해지자. 그래야 진정으로 자신이 원하고 갈망하는 것을 찾을 수 있기 때문이다. 그리고 자연스럽게 내 목표를 위해서 앞으로 나아가게 된다.

사

장

／

나의 불안
들여다보기

01

## 감당할 수 있을 때 부딪혀라

무언가를 억지로 바꾼다는 것은 참 힘든 일이다. 그동안 지내온 패턴과 습관들을 버리고, 새로운 것으로 탈바꿈해야 하기 때문이다. 나 역시 기존의 오래 묵힌 패턴과 습관을 버리기란 쉽지 않았다. 기존에 자리 잡고 있던 것들에서 이제 새로운 것들로 채우려 할 때 드는 불안감, 힘듦을 다 이겨내고 견뎌내야 한다. 하지만 기존의 것들을 인정하지 않은 채 그냥 새로운 것만 추구한 적은 없는지 생각을 해본다. 사람들은 항상 새롭고 새것을 좋아하지만, 기존의 것들은 무심코 버리거나 잊히기 마련이다. 무심코 잊어버리는 것들이 자리를 잡아 나를 사로잡고 있다면 어떤 생각이 들까? 조심스레 생각을 해본다.

내가 부정적인 생각에서 긍정적인 생각으로 바꿀 때 가장 힘든 건 바로 마인드였다. 억지로 부정적인 생각을 긍정으로 바꾼다는 건 하루아침에 이루어지는 결과가 아니기 때문이다. 긴 여정을 떠나는 시점에서 힘이든 건 억지로 긍정적으로 살아가야 하는 것이었다. 그로 인해 나는 긍정적인 것만 찾으려고 했고, 결국 나의 부정적인 감정은 외면했다. 마주한다는 건 인정하고 계속 같이 지내야 하는 불안 요소 같았기 때문이다. 그래서일까? 하루가 더 힘들고 지쳐만 갔다. 오히려 부정적인 생각이 더 들려고 했고, 긍정적인 생각으로 지내려고 해도 더 이상 생각도 나지 않고, 그냥 흐르는 대로 지내려고 했다.

그러다 문득 평상시의 나로 돌아가려는 모습을 발견했다. 짜증이 가득하고, 일이 끝나도 제대로 쉬지 못하는 불편함. 그러다 문득 생각이 들었다. 변한 것이 하나도 없네? 그러면서 다시 생각을 했다. 무엇이 잘못되었는지…. 계속 생각을 하다가 문득 책 한 권이 생각났다. 그 책을 다시 살펴보면서 찾아보았다. 그리고 발견했다. 나의 문제점을. 그건 바로 회피였다.

부정적인 생각을 버린다는 생각만 했지 직접적으로 바라보지 않는 것이다. 나는 긍정적인 생각에만 집착했던 것이다. 오히려 거기에 사로잡힌다는 불안감에 외면했다. 그것이 더욱 증폭되어서 더 안 좋은 상황이 온 것이었다. 나의 잘못된 생각에 큰 혼란에 빠졌다. "바라봐야 한다니…. 더 안 좋아지는 것이 아니고?" 그렇게 계속해서 책을 읽어나갔다. 그 순간에도 불안감이 엄습했기 때문이다. 읽고 생각하기를 반복, 그렇게 시간을 보내다 나는 결심했다. '그래! 이러나 저러나, 한번 해보지, 뭐!' '해도 불안 안 해도 불안하다면 그냥 해보자!' 그때 나는 비로소 나의 불안한 감정들을 하나씩 보게 되었다.

그렇게 실천을 하면서 점점 내가 잘못 생각했다는 것을 알게 되었다. 부정적인 생각을 계속해서 바라보고 인정하면서 내 마음은 점점 편해진 것이다. 서서히 활기를 찾게 되고 어느샌가 즐기는 나를 발견하게 되었다. 불안 감정이 드러나면 그만큼 보내고 긍정적인 이유를 찾기 때문이었다. 순간의 고통은 있지만, 그 후에 기쁨은 점점 더 커져만 갔다. 그리고 비로소 즐길 수 있게 되었다.

사람에게는 누구나 불안 요소가 있다. 하지만 그것을 어떻게 헤쳐나갈지 그건 오로지 자신에게 달렸다. 하지만 이건 알아야 한다. 진행하다 보면 시행착오는 거친다. 거기서 멈출지 아니면 계속 갈지 자신의 의지와 마음먹기에 따라 달라진다. 나는 시행착오를 거치면서 참 많은 두려움과 무서움, 집착이 강하다는 걸 알았다. 모든 것이 다 잘못된다는 생각에 빠져 제대로 보지 못하고 그저 무조건 긍정적으로만 생각한 것이다. 만일 계속 긍정적으로만 생각하고, 부정적인 생각들을 묻으려고만 했다면 여전히 부정적인 감정을 숨긴 채 계속해서 불안함에 나를 더욱 힘들게 가둬놨을 것이다.

새로운 것을 시작해서 진행하는 도중에 막히거나 받아들이지 못할 때가 있다. 그럴 때 어떻게 대처하는 것이 현명한 선택일까 생각을 했다. 나는 발전되는 것을 느끼는 것과 동시에 멈춰 있는 상황도 많이 느꼈다. 일명 '정체기.' 이때가 참으로 많이 힘들다. 아무리 노력을 해도 결과는 보이지 않고, 계속 그 자리에 머물러 있는 상황, 이럴 때 그냥 포기하고 싶다는 마음이 하루에 백 번도 넘게 든다. 하지만 이 시기가 지나야 더 큰 상황이 오는 걸 알기 때문에, 계속 힘을 내서 이 고비의 산을 넘어야 한다.

나도 모든 걸 받아들이지 않을 때가 종종 왔다. 계속되는 부정적인 생각, 긍정적으로 받아들이지 않는 상황, 그 생각들을 바라보고 실천하지만, 효과가 나타나지 않는 상황, 휴~, 한숨부터 나온다. 그만큼 고비가 심하게 온 것이다. 이럴 때는 어떻게 해야 하나 고민의 고민을 했다. 허나 아무리 고민을 해도, 여전히 똑같았고, 똑같은 패턴으로 시간을 보낼 뿐이었다. 그렇게 고민을 하다가 큰 결심을 하게 되었다. 바로 내버려두는 것이었다. 부정적인 생각으로 가득 차고 기분이 하루에도 수십 번씩

오르락내리락 거렸지만 그럴 때는 가만히 있는 게 나을지도 모른다는 생각에 내버려둔 것이다. 사실 내버려둔다고 말을 했지만, 사실상 자포자기인 생각이 더 큰 것일지도 모른다.

때로는 애쓰는 것보다, 가만히 내려놓으라는 말이 생각이 났다. 물론 처음부터 마음 편히 행동한 건 아니었지만, 여기서 더 집중했다가는 오히려 망칠 것 같다는 생각이 더 강하게 들었다. 그래서 책만 계속 읽었다. 읽다가 멈추기를 반복했다. 그렇게 시간은 흘러갔다. 그러다 문득 혼잣말을 하게 되었다. 어느 순간 무심코 나온 한마디 '감사합니다.'였다. 왜 이 말이 생각난 건지 궁금해졌다. 그리고 책을 찾아서 읽어보려고 했지만, 도저히 눈에 들어오지도 않았다. 그래서 그냥 읽는 것조차 포기하고 "감사합니다"만 연신 외쳤다.

마음이 무거워서일까? 몸도 같이 무거워지는 것 같았다. 의욕도 없어졌다. 원래 의욕이 없었지만, 최상급으로 없어졌다. 그냥 시간이 지나가기만 바랐다. 어느 하루는 퇴근하면 귀찮지만 샤워를 하고 머리 말리고, 가만히 누웠다. 그리고 연신 '감사합니다'만 계속해서 외치고 있었다. 그러다 문득 책이 눈에 들어왔다. 맨 처음으로 봤던 책이었다. 아무 생각 없이 보던 중에 눈에 띄는 내용을 봤다. 그동안 막혀 있던 우주파이프가 연결이 되기까지 시간이 걸린다는 것이다. 거기서 걸리는 시간은 사람에 따라 길어질 수도 짧아질 수도 있다는 것이다. 이때 잘 기다려야 한다는 것이었다. 그 순간 내가 지금 놓여 있는 상황이 이때가 아닌가 하는 생각이 들었다. 그래서 무의식적으로 '감사합니다.' 말을 한 건 아닌지 생각이 들었다. 그리고 조용히 기다렸다.

때로는 조용히 기다리면 더 큰 결실이 온다는 말이 생각이 났다. 바로 이 상황을 얘기하는 것 같았다. 그리고 지나왔던 시절에서 내가 이루고자 하는 생각으로 행동했을 때에도 비슷한 경우가 종종 있었다. 계속 눈에 띄게 발전하다가 멈추고 거기서 계속해서 연습하니 정말 많이 발전하는 경우를 발견했기 때문이다.

다만 틀린 것이 있다면 정말 힘들어서 내가 목표를 이뤘을 때 거기서 만족하고 멈추냐, 아니면 더 앞으로 나아가느냐가 관건이었다. 나는 애석하게도 멈췄다. 성과는 있었고, 해냈지만, 자신이 없었던 것이다. 그 힘든 과정이 싫어서 외면했는지도 모른다. 그래서 포기하고 새로운 걸 찾아다니기 시작했는지도 모른다.

지금 생각해보면 잘한 일인지도 모른다. 덕분에 지난 과거의 일에서 문제점을 발견하고 더 나은 삶을 향해 가고 있기 때문이다. 이제는 무언가를 억지로 하기보다는 때로는 잠시 내버려두기도 한다.

사람은 살면서 하고 싶은 일보다는 하기 싫은 일을 할 때가 더 많다. 열정적이다가도 멈춰 있는 순간이 오기도 한다. 이럴 때마다 좌절감, 허탈감이 같이 동반한다. 동시에 자신의 삶이라고 인정하면서 계속 묵묵히 해낸다. 나는 부정적인 생각도 마찬가지라고 생각한다. 하기 싫으면서 묵묵히 내 삶의 일부라고 받아들이고 지낸다. 그러다가 긍정적으로 생각을 바꾸고 삶의 변화를 시도하다 보면 부정적 생각도 정체기가 오는 건 똑같다.

살다 보면 때로는 감당이 안 되는 순간이 종종 찾아온다. 거기서 사람은 몇 번이나 무너지고 다시 일어서기를 반복한다. 그때마다 마냥 회피만 하는지, 아니면 한 템포 쉬면서 해결 방안을 찾고 있는지, 여기서 자신의 의지가 보이기도 한다. 감당이 안 될 때는 잠시 쉬는 것도 좋은 방법이다. 잠시 쉬면서 휴식을 가지게 되면 복잡했던 생각들이 정리가 되고, 그러면서 또 다른 해결책의 힌트도 종종 얻기 때문이다. 그리고 부딪혀라. 그래야 더 앞으로 멋지게 나아갈 수 있다.

## 내 안의 열등감과 만나는 방법

'열등감' 이 단어는 참 많이도 알고 있지만, 때로는 자신과 전혀 먼 얘기 같이 들린다. 나는 그동안 열등감이라고 하면 내가 불만이 많은 요소에서 나오는 부분이라고만 치부했다. 하지만 그것이 다가 아니라는 생각을 하게 됐다. 소소하게 일상생활에서도 나오는 열등감도 있다는 걸 알게 되었다. 흔히 사소한 일에 갑자기 욱하는 상황이 발생한 적이 있지 않은가?

나는 욱하는 상황이 이해가 되지를 않았다. 하지만 시간이 지나면서 알게 된 것이 있다. 내가 욱하는 것은 다름 아닌 나의 모습을 보는 것이라는 것을 알았다. 거기서 다른 사람이 무심결에 한 말이 갑자기 자신의 욱하는 상황으로 오는 것이다. 그리고 자신이 욱하는 이유는 바로 본인 자신의 모습이기 때문이라고 말을 한다. 처음에는 의아했지만, 나중에 정말 본인의 모습이라는 걸 시간이 지나면서 알게 되었다.

그동안 나의 열등감은 외모 콤플렉스만 있는 줄 알고 있었다. 하지만 이게 전부 다가 아니라는 걸 서서히 알게 되었다. 정말 사소한 일이었다. 하루는 아버지와 라면을 먹기 위해서 물을 올려놓고 잠시 기다리는 시간 동안 책을 보고 있는데 별안간 아버지께서 라면 먹자고 하시는 것이었다. 놀라서 보니 정말 라면이 끓여져 있었다. 그런데 물이 한강이었다. 그때 나도 모르게 욱하는 것이었다. 속으로 놀라서 '왜 이러지?' 이러고 아버지께서 끓여주신 라면을 먹고 있는데 나도 모르게 중얼거렸다. "뭐 야~. 나한테는 물 하나 제대로 못 맞춘다고 맛없다고 하시더니 나랑 똑 같잖아!" 그렇게 중얼거리다가 결국 아버지께 얘기했다.

아버지께서는 묵묵히 드시면서 '매워서 정량으로 했다가는 못 먹을 뻔 했다.' 하시고 '물이 많기는 하다.'라고 말씀하시면서 드셨다. 당시 상황 에서 나는 미안한 마음이 먼저 왔다. '처음으로 끓여주신 건데 그냥 먹지! 뭐하러 타박을 해!' 이런 생각과 동시에 불만도 나왔다. 그렇게 시간이 지 나 알았다. 그동안 내가 알게 모르게 타박을 받아 쌓인 열등감이라는 것을. 그래서일까? 나는 라면을 못 끓인다는 생각을 했고 스트레스도 받았던 것이다. 그렇게 몰랐던 내 열등감이 터져나온 것이다. 한 번 대면해서 그런 것일까? 나는 그 뒤로 더 이상 라면 끓일 때 스트레스를 받지 않는 것이다. 그 일이 있고 난 후에 곰곰이 생각해보았다. 또 다른 열등감은 없는지, 있다면 어떤 것이 있는지. 하지만 생각을 쥐어짜도 나오지는 않았다.

그리고 시간이 지나 또 다른 열등감을 만날 수 있었다. 이번에는 식구들이었다. 식구들은 내가 무엇을 하든 안 하든 자꾸 불렀다. 그래서 솔직히 짜증이 많이 났다. 귀찮았다. 심지어 이 생각도 들었다. 내가 막내라서 만만한가? 나만의 공간에서 조용히 있고 싶었다. 그래서 어쩌면 아무도 없는 집에 혼자 있는 시간이 편했을지도 모른다. 그래서 그런지 몰라도 실제로 짜증을 종종 냈다. 중요한 건 어쩔 수 없지만 사소한 것도 부르니 왜 자꾸 부르는지 투덜거리기만 했다. 그러다 알게 되었다. 왜 이런 생각이 들고 짜증이 났는지. 직장에서 일을 하면 당연히 막내로 갔으니 나를 부르고 시키는 일이 많았다. 크든 작든 사소한 일이라도 해야 하는 경우가 많았다. 흔히 말하는 아랫사람 노릇을 해야 했고, 집에서도 나를 부르고 자꾸 시키니 이런 생각들로 가득 차 열등감이라는 아이를 키운 것이다. 하지만 시간이 지나니 서서히 알게 되었다. 아랫사람 노릇을 해도 나를 생각해서 다른 사람에게 부탁하는 일도 종종 있었고, 도와주는 경우도 종종 있었다. 그리고 식구들이 자신의 불이익을 감수하면서도 나를 도와준 적이 많았고, 동시에 미안해하는 마음도 컸다는 것을 알게 되었다. 그리고 생각을 해보니 내가 스스로 귀찮고 하찮게 여겨서 오는 감정인 걸 알았다. 깨달음 뒤 서서히 짜증이 나는 상황이 줄어들고 자연스레 나도 도와준다는 생각이 들기 시작했다. 그렇게 오랫동안 묵혀왔던 나의 열등감을 만난 것이다.

사람들은 연예인을 좋아하고 열광한다. 이유는 무엇 때문일까? 단순히 예쁘고, 잘생겨서? 아니면 자신이 살지 못하는 인생을 살고 있어서? 그것도 아니면 자신이 하는 일에 열정적이고 자신감이 넘치게 살고 있어서? 사람들이 자신이 좋아하는 연예인이 좋은 이유는 다양하다. 나 역시 동경하면서 좋아하는 여자 연예인이 있다. 내가 좋아하는 외모에 자신감, 그리고 여유로운 삶. 그 사람도 자신의 사정은 있을지 모르지만, 나는 참 멋지게 산다고 생각하면서 지금도 좋아한다. 내가 가지지 못한 것에 대한 동경심일지도 모르겠다.

나는 외모 콤플렉스가 심했다. 게다가 살에도 굉장히 예민했다. 조금이라도 찌면 온통 시선이 거기로 향했고, 더 찔까 봐 걱정을 하곤 했다. 특히 코랑 치아에 대한 콤플렉스가 가장 심했다. 코는 휘어진 메부리코에 덧니가 있는 고르지 못한 치아, 사진을 찍으면 이상하게 나오는 걸 종종 봐와서 그런지 사진은 항상 입을 다물고 웃는 사진이 전부였다. 해맑게 나답게 찍은 사진이 없는 것이다. 치아를 교정하려면 다른 사람보다 비용이 많이 나와 교정할 엄두도 내지 못했다. 그러면서도 치아 교정 하기를 항상 바랐다. 물론 실행하려고 여러 번 시도했지만, 돈 앞에서 많이 좌절했다. 지난날을 돌이켜보면 참 안타까웠다. 자신을 좀 더 사랑했다면 지금 나는 고른 치아를 가지고 당당히 살고 있을 테니 말이다.

외모가 세상 전부인 줄 알고 스스로 못난이라고 낮추면서 자존심을 스스로 낮춘 것이다. 하지만 이것 또한 스스로 자처한 일, 인생의 교훈이기에 쓰디쓴 기억으로 회상한다. 사람이 한번 불만이 생기면 계속 생긴다는 말을 한다. 나는 외모에서 오는 불만이 딱 이러했다. 한번 불만이 생기니 계속해서 불만이 생긴 것이다. 눈, 코, 입, 눈 밑에 다크써클, 광대가 없는 평평해 보이는 볼, 역삼각형 얼굴형, 넓은 이마, 거기다가 노안이었다. 그러다 보니 자연스럽게 살에 대한 집착도 심해졌고, 몸매에 대한 불만도 서서히 생긴 것이다.

하지만 지난날을 생각하니, 내가 스스로 자존감이 낮아서 남의 말을 너무 들은 결과물이기도 했다. 나는 지금껏 내 생각대로 산 것이 아니라, 남의 말을 듣고서 살았던 것이다. 그러다 보니 자연스럽게 외모 콤플렉스가 생기고 이걸 깨닫기까지 참 많은 세월을 보내야 했다. 그리고 흔히 어릴 때 어른들이 말하는 친구를 잘 사귀어야 한다는 조언도 괜히 나오는 말이 아니라는 것도 알게 되었다. 나는 문득 책에 등장하는 여자 주인공이 생각났다.

내가 처음으로 본 여자 주인공이 나처럼 똑같이 외모 콤플렉스에 뚱뚱한 몸매를 가진 여자였다. 나하고 비슷한 점이 참 많았다. 책에서 스스로 낮추니 열등감에 쌓여 살게 되는 것이라고 쓰여 있었다. 나도 그걸 보면서 충격과 동시에 왜 그렇게 집착을 했는지도 알게 되었다. 내가 만일 자존감이 높고 자신감 넘치게 살았다면 이런 생각들은 전혀 하지 않았을 것이고, 오히려 자신의 외모를 더 사랑했을지도 모른다. 좀 더 일찍 깨달았다면 좋았을 것을 후회도 많이 했다.

내가 세상에 전부라고 생각한 것들을 하나둘씩 벗어 던져버리니 새로운 세상이 보이듯이 외모 또한 마찬가지였다. 나 스스로 자신감을 계속 넣어줬고, 계속 사랑을 주니 점점 내 얼굴이 눈에 들어오기 시작했다. 서서히 내 장점들이 보이기 시작한 것이다. 그동안 내 콤플렉스라고 여겼던 부분들이 이제는 나의 매력으로 다가오기 시작했다. 그리고 마침내 나는 서서히 콤플렉스에서 벗어나게 되었다. 그와 동시에 나의 자존감도 서서히 올라가기 시작했고, 나는 지금 열정적으로 하루를 보내고 있다. 자신을 괴롭히는 것이 있다면, 거기서 오는 열등감이 아닌가 생각을 한다. 만일 순간적으로 욱하는 상황이나, 자신이 유독 집착하는 것이 있다면 그것을 바라보는 것도 좋은 방법이다.

나는 그동안 열등감 역시 큰 것에서 오는 단어인 줄 알았다. 하지만 내 착각이었고, 크고 작음의 차이는 없었다. 그저 내가 알지 못하는 내 안의 깊숙이 있는 하나의 감정인 것이다. 내가 바꾸고자 하는 마음이 없었다면 나는 원인도 모르는데 결과에만 집착해서 엉뚱한 결과로만 생각할지도 모른다. 그리고 스스로 '나는 열등감 따위는 없어! 나한테 문제는 전혀 없어!' 크나큰 착각 속에서 살고 있을지도 모른다. 사람마다 차이가 있고, 다양하게 다른 이유로도 저마다 열등감이 있다. 없다고 생각하는 사람도 있을 것이다. 그리고 정말 열등감이 없을 수도 있다. 나 같은 경우에는 워낙에 부정적으로 살다 보니 열등감으로 똘똘 뭉쳐 있었다. 그리고 그걸 모른 채 살았다.

별 이유 없이 무심코 내뱉는 말에 화가 나거나 아니면 이유도 알지 못한 채 자신도 모르게 화가 나는 상황을 직면한다면, 한 번쯤 생각을 해보기 보기를 바란다. 내 안의 열등감으로 생기는 이유인지, 아니면 단순히 화가 나서 나는 상황인지. 나는 이유 없이 화가 난다고는 생각하지 않는다. 그동안 몰랐던 내 안의 열등감을 만나는 또 다른 방법 중 하나라고 생각한다.

## 혼자 있는 시간을 즐겨라

보통은 혼자 있는 시간을 힘들어하는 사람들이 많다. 그래서 집에서 혼자서 여유를 보내는 사람은 극히 드물다. 나는 워낙에 집을 좋아해서 사람들이 다 집을 좋아하는 줄 알았지만 이건 나의 착각이었고, 나와 반대 성향의 사람들이 있다는 사실에 놀라웠다. 사람들은 때로는 혼자 있는 시간을 즐긴다. 그런데 혼자 있는 시간을 어떻게 즐기는지가 관건이다. 나처럼 TV를 좋아해서 이걸 낙으로 여기고 즐기는 자가 있다면 혼자 영화를 보거나 쇼핑 아니면 게임을 즐기는 사람들이 대부분이다. 자기계발에 힘을 쓰는 사람은 과연 몇이나 될까? 가끔 생각을 해본다. 예전의 나는 TV를 워낙에 좋아해서 TV만 있으면 하루가 금방 지나갔다. 내 유일한 휴식처였다. 하지만 TV가 내 인생을 바꿔줄 만한 존재는 아니었다. 하지만 적어도 스트레스를 풀어주는 유일한 수단이었다. 혼자 있으면 마음이 편했다. 특별히 신경을 쓸 필요도 없고, 나 혼자 편안하게 여유를 즐기면 그만이기 때문이다. 하지만 나를 위해 무언가를 한다거나, 투자한다거나, 자기계발을 위해서 시간 투자를 하지는 않았다. 그 당시에는 강박관념으로 투철했고, 부정적이다 보니 유일한 수단이 그저 TV를 보고 즐기는 것이었다. 나는 이런 생활에서 의미 있는 시간을 가지기 위해 TV 대신에 책을 보기 시작했고, 바꾸고자 하는 마음이 컸기에 긍정적인 생각을 가지고 지내려고 했다.

하지만 나에게도 또 다른 시련이 있었다. 그건 바로 주변 사람들이었다. 내가 이렇게 생각을 하고서 사람들을 만나면 어김없이 묵혀 있던 부정적인 생각들이 마구 나오고, 거기에 즐기고 있었다. 마치 목마른 사슴이 물을 먹을 때에 쾌감 같은 기분이었다. 그렇게 집으로 오면 허탈감, 상실감마저 들었다. '나는 바뀌었다고 생각했는데. 그게 아니었다니. 심지어 신나서 떠들고 왔네.' 이런 자괴감마저 들었다. 그래서 나는 결심했다. 오로지 나 혼자만의 시간을 가지기로, 당분간은 혼자만의 시간으로 내 부정적인 생각을 긍정적인 생각으로 많이 전환시키자고 결심을 했다. 그렇게 결심 후 한동안 혼자 있었다. 하지만 무조건 만나지 않는다는 것 또한 좋은 일은 아니었다. 내가 얼마나 많이 바뀌었는지를 알 길이 없기 때문이었다. 그렇게 고민을 하기를 반복한 후에 나는 비로소 알 수 있었다. 왜 고민이 됐고, 왜 자괴감이 왔는지 사람들은 끼리끼리 만난다고 했다. 그중에 내가 부정적인 생각을 가질 때 자주 어울렸던 사람들이 있는 반면에 자신의 꿈을 향해 나아가서 멋지게 자신의 인생을 사는 사람들도 있었고, 나를 언제나 지지해주는 사람들도 있었다. 나는 만나는 것도 중요하지만, 나에게 도움이 되는 사람들과 연락을 하고 나에게 좋은 영향을 미치는 사람들을 우선으로 해야 한다는 걸 알았다. 나는 사람들을 만나는 걸 좋아한다. 하지만 그만큼 혼자만의 시간도 즐긴다. 오로지 나한테만 집중할 수 있기 때문이다.

나는 혼자만의 시간이 어떻게 보면 제일 즐겁다. 책을 읽으면서 생각도 하고 앞으로 어떻게 나아갈 것인지 생각을 하게 되고 내 미래도 그려보기 때문이다. 그렇게 상상도 하면서 일상을 즐기다 보면 자연스럽게 사람들 만나는 것이 즐거워진다. 예전에는 사람들을 만나는 게 싫어서 혼자 있는 시간을 즐겼다면, 지금은 혼자 있는 시간을 즐기다가 사람들과 대화를 하다 보면 자연스레 그 즐거움이 나온다. 그리고 여전히 자신의 힘든 점을 얘기하고, 나한테서도 그 힘든 부분을 끌어내려고 하는 사람도 있다. 하지만 그 힘든 건 결국 자신에게 온다는 걸 아직 모른다. 안타까우면서도 고맙기도 하다. 덕분에 지금까지 지내왔던 나의 시간을 한 번은 더 되돌아보기 때문이다.

혼자만의 여유로운 시간에 자신은 무엇을 즐기는가? 나는 주로 TV를 시청하거나 아니면 웹 사이트에서 판타스틱 로맨스 소설을 주로 읽었다. 소설로 공상 이미지를 생각하면서 여주인공의 느낌을 상상하기도 했다. 하지만 대부분 무료했다. 무언가 푹 빠졌을 때 당시는 재미있으나, 무료함을 느낀 적이 있는지, 공허한 느낌을 받은 적이 없는지 한번 생각을 해보기 바란다. 똑같은 상황이라도 내가 생각하는 상황에 따라 느낌이 많이 달라질 수도 있다. 나는 자기계발서를 그냥 읽었을 때와 내가 생각하고 실천하면서 읽었을 때 정말 많이 달랐다. 와닿는 부분도 달랐고, 다시 읽으면 새로운 느낌과 앎은 정말 희열을 느꼈다. 한 번쯤은 자신의 주어진 소중한 시간에 그동안 무엇으로 시간을 보냈는지 생각해보기 바란다.

나는 책을 읽고 달라지겠다고 마음먹으면서 혼자 있는 시간을 즐겼다. 주로 책을 읽고, 거기서 나오는 말을 제일 많이 따라 했다. 남들이 보면 미쳤다고 생각할 정도로 혼자 중얼거렸다. 주로 '감사합니다, 사랑합니다'를 많이 했었고, 부자로 가는 5가지 말버릇도 많이 했었다. 그렇게 가난에서 벗어나기를, 긍정으로 정화되어서 내 삶이 내가 말하는 대로 되기를 바라면서 혼자 있는 시간을 말버릇을 고치기 위해서 확언하고, 책을 읽으면서 생각을 하고, 평상시 생각들을 관찰하려고 노력했다. 그래서일까? 어느덧 나에게 가장 행복한 시간은 혼자 있는 나만의 시간을 즐기는 것이었다.

물론 부정적인 생각이 하루아침에 변하는 건 아니었다. 고비도 있었다. 집에만 있다 보니 더욱 잡생각이 나는 순간이 많았고, 어쩔 때는 안절부절하면서 가만히 있지도 못했다. 방을 뱅뱅 돌기도 하고 누워서 뒹굴어 다니기도 하고, 답답하기도 했다. 긍정의 부작용인가 하는 생각도 들었다. 부작용처럼 거부 반응을 일으키는 것 같았다. 그럴 때는 눈에 안 들어와도 책을 읽는 경우도 많았다. 그러다가 잠시 볼일이 있어서 밖에 나갔을 때 바깥 공기를 마시면 상쾌해질 때도 있었다. 그러다 집에 들어오면 다시 답답함을 느꼈지만 조금은 나아지기에 그 뒤로는 잠깐이라도 종종 밖에 나가 동네 한 바퀴를 돌기도 했다.

처음에 부정 에너지가 긍정 에너지를 밀어내려고 하는지 힘들었다. 확언을 하면 가슴이 두근거리고, 잡생각이 많이 들었다. 순간적으로 예민해지기도 했고, 미친 사람으로 보이기도 했다. 그래서 혼자 있을 때의 시간을 더 즐겼는지도 모른다. 확언을 할 때마다 도무지 받아들여지지 않았다. 그때마다 원인이 무엇인지 생각도 많이 해봤다. 부정적인 생각을 보내야 한다기에 그 방법도 따라 해봤다. 그렇게 시간이 지나면서 서서히 나는 편안해지기 시작했다. 가끔이지만 가슴이 따뜻해지고, 편안한 느낌을 받기 시작한 것이다.

처음으로 편안해짐에 너무 기뻤다. 처음 겪어 보는 느낌이었기 때문이다. 책을 보는데 그렇게 편안하게 여유롭게 보는 것 또한 처음이었다. 그 당시에 모든 순간이 다 처음으로 느껴졌다. 그러면서 이 느낌인가? 하는 생각이 들었다. 그 시간만큼은 온종일 따뜻함을 느끼면서 책을 읽을 수가 있었다. 하지만 나의 잡생각으로 그 느낌은 금방 끝나버렸다. 아쉬웠다. 다시 느끼려고 했지만, 나오질 않았다. 하지만 나도 뭔가를 해냈다는 기쁨이 들었다. 그 느낌은 시간이 지나면서 점점 자주 느껴졌고, 시간 또한 점점 길어졌다.

흔히 '혼자 있다'고 말하면 처량하다는 느낌만 들었다. 뭔가 짠내가 나기 때문이다. 하지만 다 그런 건 아니었다. 어떤 사람은 혼자 있어도, 오히려 멋있었고, 어떤 사람은 짠하다는 느낌이 들었다. 이유가 무엇인지 궁금해졌다. 그리고 곰곰이 지켜보았다. 서서히 알 수 있었다. 그건 바로 꿈과 열정이었다. 꿈이 있고 열정이 있는 사람은 혼자이건, 여럿이 있건 중요하지 않았다. 오히려 혼자 있는 시간이 멋있었다. 그리고 처량한 느낌이 드는 이유도 동시에 알았다. 아무것도 할 생각도 없고 그냥 시간을 보내는 사람들의 모습이었다.

자신이 어떻게 살고 싶은지 어떤 것을 원해서 미친 듯이 해본 것이 있었는가? 생각을 해봤다. 답은 바로 '아니요!'이다. 나는 정말로 원해서 실천은 했지만 끝까지 못 가고 주저앉은 경우만 많았다. 그 당시는 핑곗거리를 찾아 거기에 변명하기 바빴다. 그래서 그런지 몰라도, 무언가를 시작할 때 혼자 있는 시간을 꺼려 했다. 혼자 있는 시간을 즐기는 사람들을 이해를 하지 못했다. 궁상맞아 보였다. 하지만 자기계발서를 읽고 실천을 하면서 혼자 있는 시간을 가지다 보니 점점 알게 되었다. 혼자 있는 시간이야말로 내가 발전하는 데 가장 중요하면서 소중한 시간이라는 걸 말이다.

성공자들은 자신만의 시간을 소중히 여겨 단 1분이라도 혼자 있는 시간을 투자한다. 그 1분으로 자신의 아이디어가 떠오를 수도 있고, 해결책을 찾을 수도 있고, 휴식을 잠시 취하므로 활기를 찾아 자신의 일을 멋지게 해낸다. 그만큼 자신의 시간을 쓸 줄 안다는 것이다. 당신은 자신에게 얼마나 시간을 투자하는지 물어보고 싶다. 발전하고 싶다면 당장 하고 싶은 것을 하거나 아니면, 잠시 휴식시간을 가져 자신의 상황을 한번 되돌아봐라. 혼자 있는 시간을 즐기고 활용해야 진정으로 원하는 것을 알수 있고, 성공의 발판으로 삼을 수 있다.

# 왜 나는 자꾸 화를 낼까?

사람은 매일 웃고만 살 수는 없다. 그렇다고 매일 화만 내고 살 수도 없다. 그런데 가만히 보면 화를 내는 사람들이 더 많다. 나는 가끔 거리에서 무표정들, 그리고 화를 내는 사람들을 종종 본다. 왜 그리 화가 많아서 화를 낼까? 의문이 들다가고 금방 웃고 만다. 나 역시 자주 화를 낸 사람이기 때문이다. 사람이 힘이 들거나 스트레스를 받거나 아프거나 하면 화를 자주 낸다. 그리고 신경이 예민한 사람들 역시 화를 자주 낸다. 나는 부정적이기도 했지만 신경이 예민하기도 했다. 그래서 조금만 예민한 곳을 건드리면 바로 화를 내곤 했다. 소심한 성격이지만, 화가 나기 시작하면 나도 걷잡을 수 없던 것이다.

사람이 집에 있을 때 행동을 보면 금방 알 수 있다고 한다. 그리고 집안의 분위기를 보면 더 금방 안다고 한다. 그것 왜 그럴까? 그 사람의 성격과 집안의 분위기를 알 수 있기 때문이다. 성격이 활달하고 밝은 사람들이 집에서 의외로 무뚝뚝한 사람들이 많다. 반면에 집에서 화목하게 사는 사람의 성격으로 나타나기도 한다. 우리 집은 화목하다. 하지만 너무 오랫동안 떨어져 각자 살아서 그런지 마찰이 종종 일어난다. 그중 유독 짜증을 많이 낸 사람이 있었다. 그건 바로 나다. 처음에는 자꾸 시키니깐 짜증나는 일이라고만 치부했다. 하지만 아니었다. 그건 나의 모습이기에 짜증이 난 거다. 그래서 참다가 결국 화를 내는 것이다.

그리고는 후회를 하기도 하면서 한편으로는 후련하기도 했다. 반면에 찝찝한 느낌을 받기도 했다. 그리고 생각을 했다. "왜 짜증이 나고 화가 나는 걸까? 내가 아닌 다른 사람인데…." 하는 생각과 동시에 답답함이 밀려왔다. 그러다 책을 보기도 하고 혼자 가만히 멍하니 있기를 반복했다. 그리고 서서히 알 수 있었다. 바로 내 모습이었다. 그리고 원인 또한 나인 것이다. 유독 식구들이 돈에 예민했고, 나가는 돈에 아쉬움, 들어오는 돈에 적다는 느낌, 얘기를 하다 보면 은근히 신경이 거슬리고 짜증이 나고 그러다 화를 내는 경우도 종종 있었다. 그러다 시간이 지나면 괜찮아지기를 반복했다. 그러면서 서서히 깨달은 것이었다. 어떻게 보면 시간을 들여서 얻는 참 소중한 시간이다. 그 뒤로 하나둘씩 인정하기 시작했다. 그런데 놀라운 일이었다. 하나씩 인정하고 보니 지난날의 내가 했던 모습들이 생각이 나는 것이다. 설마 하면서도 반신반의했는데 내 모습인 것이다. 다 그런 건 아니지만, 거의 다 내 모습이었다. 그렇게 인정하고 나니 같은 모습이 보여도 담담해졌다. 그리고 서서히 그 모습들은 사라졌다. 그리고 돈에 대한 것들도 예민함이 사라지기 시작했다. 그리고 '뭐 이러니깐 나가는 거지, 그때 이렇게 썼으니 나가는 거지, 내가 카드 이만큼 쓰니 너 실적 올라가서 좋아지겠다.' 그렇게 같은 상황이라도 받아들이는 것들이 달라지기 시작한 것이다.

나는 제일 가깝고 가장 친한 식구들에게부터 점점 화를 내지 않게 되었고, 점점 웃으면서 지낼 수 있게 되었다. 나는 자꾸 화를 냈던 이유 중 하나인 내 모습이 자꾸 보이니 그만큼 화를 자주 냈고, 짜증도 많이 낸 것이다. 어쩜 가장 무서운 적은 가장 가까이에 있다고 했다. 순간 가장 무서운 적이 여기 있었구나 하는 생각마저 들었다.

나는 그동안 가장 소중하다고 생각하면서도 제일 편해서 그런 거라고, 스스로 합리화를 시켰다. 하지만 본질은 아니었다. 자꾸 합리화를 시키면서, 인정하려고도 바뀌려고 하지도 않았다. 이 생활이 지속됐다면 지금도 여전히 화를 내면서 지내고 있을지도 모른다. 하지만 무엇이든지 원인은 있는 법, 나는 계속 생각하고, 이 방법 저 방법 연구를 했고, 그러다 보니 자연스레 알게 된 것이다. 그리고 이제는 덤덤히 바라본다.

사람이 신경이 예민할 때는 모든 것이 화가 자주 난다. 신경이 거슬리는 것이다. 처음에는 참다가도 결국에는 폭발하게 된다. 예전에 진짜 신경이 예민할 때가 있었다. 그때는 무엇을 해도 다 짜증이 나고, 말할 때마다 매일 화를 낸다. 마음의 여유가 없는 것이다. 이유는 다양하다. 업무로 스트레스를 받기도 하고, 사람과의 관계, 혹은 가족, 몸이 아플 때 정말 다양하다. 이 모든 과정이 다 부정적인 생각을 낳고, 결국 화라는 이름의 아이가 찾아오게 되는 것이다.

나는 살이 많이 쪘을 때 허리 근육통에 시달렸다. 처음부터 허리 근육통이 생긴 건 아니다. 살이 어느 순간 급속하게 찌더니, 허리에 무리가 가고 서서히 올라오게 된 것이다. 처음에 정말 당황했다. 평상시처럼 자고 일어나서 별안간, 허리가 갑자기 아파왔기 때문이다. 제대로 걷지도 못하고, 계단 이용도 잘 못했다. 출근하려면 전철을 타야 하는데, 계단을 이용해야 했기 때문이다. 설상가상 에스컬레이터나 엘리베이터도 없었다. 나의 신경은 점점 예민해지기 시작했고, 허리 통증도 점점 더 심해졌다. 결국 근무 중 조퇴를 하게 되었다.

집 근처에 정형외과에 가서 진료받고, 엑스레이를 찍었다. 다행히 뼈에는 문제가 없었다. 허리 근육통이라고 말했다. 물리 치료를 하고 약을 처방받고 집으로 갔다. 제대로 눕지도 못하고 제대로 앉아 있을 수도 없었다. 결국 옆으로 누워서 자는 방법밖에는 없었다. 다리를 가슴까지 올려 웅크리고서 새우처럼 자세를 취하면 그나마 괜찮았다. 그렇게 통증과의 싸움이 시작된 것이다. 하지만 약을 먹어도 좀처럼 진정이 되질 않았다. 그래서 며칠을 아파하던 도중에 어머니께서 침을 맞아보기를 권하셨고, 나는 별 기대를 하지 않고서 갔는데 의외로 침에 효과가 좋았다. 점점 시간이 지나면서 괜찮아진 것이다.

하지만 그 후로 1년에 한 번씩 허리 근육통이 오더니 나중에는 주기가 짧아지면서 계속 통증이 온 것이다. 나는 이때 신경이 엄청 예민했고, 화도 정말 많이 냈다. 별일이 아닌데도 화부터 났고, 허리가 조금이라도 불편하면, 또 예민해져 화부터 냈다. 정말 이때는 성격 파탄자 같은 느낌이 많이 들었다. 그래서 말도 하기 싫어져서 침묵으로 지내기도 했다.

그러다 문득 내가 여기에 너무 신경이 곤두서 있다는 걸 알았다. 그래서 곰곰이 생각을 해봤다. 하지만 지금 운동도 할 수 없고, 가만히 있어야만 하는 상황에서 무엇을 할 수 있을까 하고 있던 찰나 오빠가 마침 집에 찾아왔고, 나의 상황을 보았다. 그리고 자신이 허리가 아팠을 때 재활 치료를 받았던 운동을 나에게 알려주었고, 그때는 아파서 짜증만 냈는데, 다음 날 자고 일어나니 미세한 차이지만 훨씬 수월해진 걸 알았다. 그 뒤로 꾸준히 이 운동을 한 것이다. 그리고 치료를 병행하니 서서히 나아질 수 있었고, 나는 허리로 인해 화를 내는 일이 점점 줄어들었다. 그리고 결심을 하게 된 것이다. 운동을 시작할 거라고, 그렇게 다짐을 했다. 나는 허리로부터 짜증은 벗어나기 시작했지만, 사소한 일상에서의 짜증은 여전했다. 걸핏하면 짜증 내고, 화를 냈다. 왜 이렇게 화를 냈는지…. 지금 생각해봐도 솔직히 이해가 안 가면서 또 이해가 갔다. 그때 당시에 나는 지독히도 외모 콤플렉스를 가지고 있었고, 살이 찌니 자연스레 옷도 안 맞았고, 가뜩이나 없는 자존감은 더욱 아래로 떨어지고 있었다.

그 모든 것들이 나를 더욱 부정적인 에너지로 몰아갔고, 나를 더욱 힘들게 했다. 하지만 시간이 지나면서 긍정적으로 바뀌기 시작하니 짜증 났던 일들이 서서히 사라지기 시작했고, 어느샌가 서서히 잊히게 된 것이다. 그렇게 알게 모르게 나는 변화를 가지게 된 것이다. 만일 책을 읽고 바뀌고자 하는 마음이 없었다면, 나는 여전히 콤플렉스로 가득한 채 화만 내고 다녔을 것이다.

나는 이유 없는 화는 없다고 생각한다. 자신은 무심코 화를 낸다고 하지만, 알고 보면 거기에는 다 이유가 있기 때문이다. 나 역시 화를 종종 낼 때 정말 고민이 많았다. 왜 나는 불쑥불쑥 화를 낼까? 정말 왜 그럴까? 긍정적으로 바꾼다고 마음을 먹고 실천을 하던 도중에 이것 역시 나에게는 커다란 숙제였다. 그리고 알았다. 서서히 나를 보면서 나의 모습에 화가 나기도 했고, 이대로 살아갈 거라는 불안감에 화가 나기도 했고, 돈 걱정에 화가 나기도 했다는 것을 깨달은 것이다.

유영희 작가의 『감정 멈추고 들여다보기』의 한 구절이 생각이 났다.

"내 안에 숨어 있는 화를 이해하고 억눌린 감정이 있다는 것을 인정해야 한다. 우리가 화가 나는 일들의 대부분은 아주 사소한 일상이라는 것 또한 기억하자."

거기에서 감정에는 다 이유가 있고, 자신으로부터 온다고 한다. 결국에는 그 감정이 불안에서 온다는 얘기였다.

화가 나는 순간이 있다면 한번 들여다보기를 바란다. 처음에는 화에 집중을 할지 몰라도 시간이 지나면서 서서히 자신의 감정을 들여다보게 되고 이유를 알게 됨과 동시에 거기에서 해방이 된다. 그렇게 서서히 자연스럽게 자신의 진짜 감정을 받아들이게 된다.

05

▽

▽

▼

# 당신 내면의 아이를 만나라

자신이 모르는 상처를 안고 살아간다면 어떤 기분이 들겠는가? 나는 내면의 상처를 가지고 산다는 생각을 전혀 하지 못했다. 그리고 있는 줄도 몰랐다. 나처럼 지금껏 살면서 내면의 상처가 있다는 걸 인식하는 사람이 얼마나 있을까? 그리고 안다면 그 상처를 치유하기 위해서 노력을 하고 있는지 생각을 해보았다.

가슴 깊숙이 나와 함께 자란 내면의 아이…, 상처를 치유 받지 못한 채 나와 함께 세월을 살은 아이…. 지금도 오랜 시간을 상처를 안은 채 살았을 아이를 생각하면 가슴이 미어져 온다.

나는 처음에 긍정적인 확언을 하면 받아들이지 않았고, 그리고 와닿지도 않았다. 그러면서도 계속해서 긍정 확언을 계속했다. 바뀌기를 바라면서 그렇게 지내다 지쳐서 '감사합니다'만 열심히 외친 적도 있었다. 그럴 때마다 나는 의심이 들기도 했었다. 왜 받아들여지지 않는거지? 왜 더 힘이 드는거지? 효과 없는데 괜히 사람들을 현혹시키는 거 아니야? 별의별 생각이 들었다. 하지만 무언가 이유가 있을 거라는 생각도 있었다. 그렇게 긍정 확언과 계속해서 받아들이는 싸움이 시작된 것이다. 그러다 우연히 한 유튜브 영상에서 '내면의 아이'라는 영상을 보게 되었다. 하지만 그 당시에는 시청하지 않았다. 웬 뜬금없는 소리인가 싶었다.

또 집에서 무기력하게 시간만 보내고 있을 때 내면의 아이 영상을 다시 보게 되었다. 무료함을 달래기 위해서 시청을 했다. 그 영상은 사람들이 내면의 아이, 즉 자신의 내면의 상처를 안은 채 살아가고 있다는 이야기였다. 나는 영상을 보면서 신기하면서도 그런가 보다 했다. 왜냐면 감응이 없었기 때문이었다.

그렇게 보던 중에 한마디에서 내 마음이 동요되었다. "태어나줘서 고마워! 너는 나의 축복이야!" 나는 이 소리에 엉엉 울게 되었다. 당시에 집에서 키우던 강아지가 살포시 옆으로 와서 울고 있는 나에게 다가와 흐르는 눈물을 핥아주었다. 그렇게 울고 나니 속이 조금은 편안해졌다. 그 뒤에 나는 유튜버 최희수 소장의 영상을 좀 더 찾아보았다. 채널에는 당시 중국에서 강연하는 영상이 나왔는데 유독 눈에 들어오는 영상을 봤다. 그렇게 한참을 보는데 말 한마디에 나는 다시 눈물이 터져 나와 버렸다. 그건 종결, 즉 용서를 의미하는 거였다. 그동안 오랫동안 미움을 가지고 있던 내 마음에서 이제는 용서를 하고 그만 놓아버리고 자유롭게 살고 싶은 거였다. 그 영상을 보고서 나는 종일 울었다. 그렇게 울고 나니 속이 정말 뻥 뚫린 것처럼 시원했다. 그리고 신기하게도 그 후로 긍정 확언을 하게 되면 더이상 거부 반응은 일어나지 않았다. 그 뒤에 잠시 생각을 해봤다. 그분의 말씀으로는 태어나면서부터 상처를 가지면 그대로 가슴에 안고서 살아간다는 것이었다.

그러다 문득 20대 초반에 어머니께서 해주신 얘기가 생각이 났다. 사실 경제적으로 너무 힘들어 나를 낳는 걸 고민하다가 낳았다는 말이었다. 그리고 낳아서 나를 보니 낳길 잘했다는 얘기를 들었다는 말씀을 하셨다. 그 말을 들었을 당시에는 약간의 놀라움만 있었다. 하지만 내가 배속에 있을 때부터 가지고 태어난 상처인 것이다. 참 신기했다. 현재 내 기억은 없지만 내 안의 아이는 그 상처를 가지고 계속해서 살아왔던 것이다. 그러면서 왜 내가 그동안 그렇게 행동을 해왔는지도 알 수가 있었다. 버림받을지도 모른다는 두려움 속 나는 그동안 상대에게 4살 아이처럼 행동한 것이었다. 겉으로는 성인이지만 속은 성장이 멈춰버린 4살 여자아이인 것이다. 그리고 내 마음속 오랫동안 미워하던 두 아이가 있었다. 내가 너무 힘들고 지쳤기에 이제는 나 좀 해방시켜달라는 내면의 아이의 신호였던 것이다. 그렇게 나는 흘려보낼 수 있었고, 조금이나마 자유로워질 수 있었다.

당신은 당신의 아이가 어떻게 지내기를 바라는가? 항상 활발하면서 밝은 아이? 아니면 자신감이 넘쳐서 매사에 적극적인 아이? 내가 왜 이런 질문을 하는지 궁금할 것이다. 그건 다름 아닌 내면의 아이 때문이다. 자신의 내면의 아이가 어떻게 하고 있는지 생각을 해본 적이 있는가? 나는 내면의 아이가 있다는 것도, 모습이 있다는 것도 생각을 해본 적이 없다. 그런데 유독 자신이 많이 하는 자세라든가, 불안할 때 나타나는 특유의 자세가 있다면 한 번은 바라봐주길 바란다.

나는 나의 내면 아이가 있다는 인지 후에 계속 쓰다듬어주었고 계속해서 사랑을 줬다. 하지만 너무 오랫동안 상처로 지낸 아이는 좀처럼 자신을 내어주지 않았다. 그러다 문득 나의 내면의 아이는 어떻게 있을까 생각했다. 그러다 문득 이런 생각이 들었다. 어둡고 조그만 방에 움츠리고 앉아 있는 아이가 상상이 갔다. 너무 마음이 아팠다. 그런데 왜 그런 생각이 드는지는 알 수가 없었다. 그저 내가 만들어놓은 상상이겠지 하는 생각만 하고 있었다. 그렇게 계속 나는 사랑을 주고 있었다. 하지만 내면의 아이를 생각하면 항상 같은 자세였다. 나는 화가 나기보다는 속상했다. 그러면서 계속 기다리면서 보듬어주었다.

  그러다 문득 왜 그 생각이 드는지 알 수가 있었다. 무의식적으로 내가 그런 자세를 하고 있다는 것을 알았다. 쪼그리고 앉아서 무릎을 팔로 껴안고 있는 나의 모습이었다. 무의식에 나는 불안할 때 항상 이 자세를 유지하고 있던 것이다. 설마 이 자세를 내가 계속 유지하고 있는 게 내면의 아이로 보였던 거야? 그리고 호기심이 들었다. 그리고 이 자세를 하지 않으려고 노력했다. 그 대신에 승리자의 포즈를 계속 취했다. 두 팔을 활짝 펴고 햇살에 비친 너무나도 밝은 아이의 모습을 계속 상상한 것이다. 처음에는 이런 내가 너무도 웃겼다. 뭐 하는 짓인지, 이게 맞는 건지 아닌 건지, 웃음이 나왔다.

  그렇게 시간이 지나면서 놀라기 시작했다. 어느 순간부터 쪼그리고 앉아 있던 자세를 안 하게 되었다. 대신에 양반다리에 허리를 살짝 구부리기는 했지만, 그 자세로 바뀌었고, 항상 어둠 속에 있던 아이는 서서히 몸을 펴기 시작한 것이다. 나는 이쪽으로 오라고 계속 응원했다. 그 아이는 서서히 내게 오기 시작했다. 그리고 우는 얼굴로 나를 보고 있었다. 내 마음이 울고 있었기 때문일까? 이제는 우는 모습의 아이가 떠오르기 시작한 것이다. 그래도 많이 달라졌다고 위로하면서 나는 계속 사랑을 주고 웃음을 줬다. 그리고 상상을 했다. 밝은 햇살을 맞으면서 누구보다

환히 웃는 모습을 계속 상상했다. 가끔 내가 너무 상상을 해서 그런가? 내가 활짝 웃는 경우도 있었다. 그렇게 시간이 지나면서 아이는 서서히 웃기 시작했다. "나는 이제 성인이야! 우리 이제 같이 성장하자!" "너는 안전해! 누구도 너를 버릴 수도 울게 하지도 않아." 나는 조용히 그 아이에게 말을 했다. 그리고 지금 이순간 다시 눈을 감고 상상을 했다. 아이는 밝게 웃으면서 꺄르르 웃음소리를 내고 어느새 20대에 풋풋한 아가씨로 변화되어 있었다. 나는 흐뭇하게 웃으면서 말했다. "잘했어!"

어쩌면 내가 상상으로 만들어낸 이미지일지도 모른다. 하지만 나는 믿고 있다. 나의 내면의 아이가 나에게 모습을 보인 거라고, 그리고 같이 성장해서 어느덧 4살 꼬마 여자아이가 지금은 풋풋한 20대의 아가씨로 성장한 거라고. 나는 내면의 아이를 마주한 뒤부터 서서히 상대방에게 보이는 집착에서 벗어나기 시작했고, 확언도 바로 팍 받아들인 건 아니지만 서서히 받아들여갔다. 내 안의 상처가 이렇게 많았는데, 상처를 치유한다는 생각을 못 했다는 것이 씁쓸하다. 진작에 알았다면 당연히 상처부터 봤을 것이다. 현재 나는 내면의 아이와 함께 매일 성장하고 같이 앞을 보고 나아가고 있다.

요즘 현대사회에서는 내면의 상처가 없는 사람은 없을 거라고 생각을 한다. 사람과 이야기를 하다 보면 하나쯤은 자신의 상처들이 있다. 버럭

화를 내다가도 조용히 "나도 사랑을 많이 받고 싶어." 이렇게 고해성사하는 사람도 있었다. 물론 자신의 내면의 아이에게 어떤 상처가 있는지 바로 알지 못한다. 다만 내면의 아이가 있다는 것을 인식하고, 어떤 부분이 있을지 생각은 해볼 수 있다고 생각한다. 나 역시 단순히 사람들에게 상처를 받았다고 생각만 했지, 내가 누군가에게 상처를 주고, 내 안의 깊숙이 자리 잡은 상처들이 있을 거라고는 전혀 생각지도 못했다. 그저 피해망상만이 자리 잡고 있었을 뿐이었다.

자신이 어떤 상황에서 화가 나거나, 혹은 자신의 자녀의 어떤 모습에서 욱하는 상황이 오는지를 바라보기를 바란다. 그럼 자연스레 자신의 상처를 바라볼 수 있게 된다. 결국 생각지도 못하는 상황에서 자신의 이유를 알게 된다. 자신의 지인, 혹은 가족, 자녀의 모습에서 자신의 내면의 모습을 종종 발견한다. 나도 동감한다. 간혹 가다 나도 욱 하고 튀어나오는 모습을 보기 때문이다. 부정적인 생각을 벗어나 긍정적인 생각으로 다가가고 싶다면 자신의 내면의 아이를 만나기를 바란다. 그럼 당신은 지금보다 조금 더 자유로워질 것이다.

# 지금 힘들다면 잘하고 있는 것이다

　나는 지금까지 살면서 편안한 일보다 힘든 일이 더 많았다. 내 삶은 온통 부정적인 생각들로 가득 차 있기 때문이다. 어떤 일을 겪어도 매사에 부정적으로 지내왔다. 오늘은 어떤 일이 생길까? 오늘은 기분이 왜 안좋을까? 왜 나는 하루가 힘들까? 매일 안 좋은 생각만 하고 지냈으니 당연히 하루가 좋을 일은 없었다. 그러던 내가 우연히 책 한 권을 읽고 난후 긍정적으로 바꾸기로 마음 먹으면서 하나하나 생각을 고쳐가면서 지내면서 느낀 건 하루 아침에 기적적으로 긍정 마인드로 바뀐 건 아니지만 그래도 삶이 조금씩 변화되기 시작했다. 예전의 나는 하루를 시작했을 때는 오늘은 어떤 일이 생길까? 힘든 일이 생기면 안 되는데, 오늘은 무사히 지나갔으면 좋겠다. 일어나지도 않는 일에 걱정을 하며 출근했고, 내 예상대로 하나씩 일은 터졌다. 그럴 때마다 나는 왜 이렇게 재수가 없지 하면서 나를 자책했다. 실수를 하면, 실수는 용납이 안 돼! 더 잘해야 해! 완벽해야 해! 사람들에게 능력을 인정받고 싶었던 나는 오히려 더 채찍질을 했고, 자존감이 낮은 사람으로 만들었다. 이 생각들이 나를 더 힘들게 하는 순간임을 깨닫고, 생각을 바꾸기로 마음먹었다.

매일을 긍정적으로 생각하는 일상으로 시작했다. 오늘은 기분 좋게 일을 시작해야지! 오늘은 즐거운 일들만 가득할 거야! 하지만 현실은 참혹하게도 그동안의 내가 부정적으로 생각했던 삶의 연속일 뿐이었다. 그렇다고 해서 부정적으로 받아들인 건 절대 아니었다. 매일 실수를 해도 짜증 나는 순간에도 '감사합니다'를 연신 외치고, 내가 생각하는 것들을 곰곰이 생각하고 그러면서 내가 그동안에 묵혀왔던 생각들이 고스란히 드러났다.

"아~ 내가 시작도 전에 안 된다는 생각을 가졌구나!"
"아~ 내가 왜 이걸 해야 하는지 불만이 생기니깐, 지금 이 일을 하는 데 있어서 짜증이 나는구나!"

이렇게 하루에도 몇 번이나 생각을 바꾸고 삶에 적용했고, 나는 조금씩 바뀌고 있지만 똑같은 현실에 나는 가만히 서 있었다.

그러던 중에 내 미래를 생각해보았다. 매일 똑같은 현실을 살고 있는 내 모습을 보니 참담하기 그지없었다. 나는 변화가 필요했다. 하지만 그때까지만 해도 내가 잘하는 일, 무엇으로 성공을 해야 하는지 몰랐다. 그러나 포기란 없었다. 반드시 내가 잘하면서 할 수 있는 일이 있다고 믿었다. 그렇게 하루를 희망으로 지내왔다. 그러던 중에 내 미래를 생각하다 어떤 삶을 살고 싶은지 생각했다. 그리고 내가 가장 힘들어하는 순간이 언제인지 생각을 해보게 되었다. 어떤 경우에 가장 힘들고, 우울해하는지 찾기 시작한 것이다.

사람들은 가장 힘든 순간으로 직장 생활을 손꼽는다. 대부분 사람은 하루를 회사에서 다 보낸다. 내 주변에만 해도 만나서 하는 이야기들은 거의 다 직장 생활 이야기다. 상사로부터 스트레스, 업무에 대한 스트레스, 항상 직장에 관한 얘기로 시작해서 직장으로 끝난다고 생각해도 될 정도다. 인생을 직장에 송두리 빼앗겨서 시간을 보내고 유일하게 주어지는 시간은 휴일. 그마저도 제대로 쉬지를 못한다. 휴일이 끝나갈 무렵 다음날의 업무가 생각나기 때문이다.

나도 직장 생활을 하는 사람이기 때문에 힘이 들었다. 업무로 힘든 시간을 보내고, 퇴근 후 녹초가 되어 있기 때문이다. 집에 도착하면 씻고 아무것도 하기 싫어서 가만히 누워서 시간을 보낸 일이 많았다. 시간이 지날수록 다음 날의 일이 걱정도 되었다. 나 역시 다른 사람들과 다를 바 없는 직장인의 생활이었다.

아침 7시 반까지 출근해서 오후 3시 퇴근 거의 8시간을 직장에서 보낼 때 오전 근무는 정말 전쟁 같은 시간을 회사에서 보내야 했다. 업무로 한정된 시간, 업무를 시작하면 쉬는 시간 없이 바쁜 시간, 교대로 점심을 빠르게 해결하고 바로 일을 시작해야 했다. 무엇 하나 나아지는 건 없었다. 한때는 '이 생활이 내 생활의 전부야!' 하면서 생각을 하고 만족하려고 했던 적도 있었다.

하지만 시간이 지날수록 지쳐가고 있었다. 퇴근 후에 밀려드는 피로감, 지쳐 있는 내 몸, 퇴근했다는 안도감, 일상의 하루였다. 직장 생활은 여전히 힘이 들었다. 그렇다고 해서 적어도 나는 부정적으로 대처하기보다는 오히려 긍정적으로 다가갔다. 나는 이럴 때일수록 여유 있는 자의 모습을 상상했다.

현재는 과거의 나로 살고 있지만, 내일은 미래의 나로 살아간다고 믿었기 때문이다. 지금 힘이 드는 건 단지 과정일 뿐이라는 생각 때문일까? 힘이 들수록 더 힘이 났다. 일이 끝나고 어떻게 시간을 보내야 할지 그 생각이 내 삶의 또 다른 원동력이 됐다. 지금은 힘들지언정 나는 계속 발전한다고 믿었다.

아무리 긍정적인 생각을 해도 현실에서는 무너지는 순간이 있다. 그중에 가장 큰 이유가 돈이다. 사람들은 돈에 울고 돈에 웃는다. 내가 백만장자를 꿈꾼다 한들 현실에서는 돈이 부족한 것이 현실이기 때문이다. 여기서 사람들이 가장 많이 하는 말이 "돈이 없어."다. "돈이 없어!" "나 가방 사고 싶은데 돈이 없어!" "나 여행하고 싶은데 돈이 없어!" 무언가를 하고 싶다고 말을 하면서도, 사람들은 돈이 없음에 집중을 한다. 믿기 어렵겠지만 사실이다. 나도 그동안 왜 돈이 없나 생각을 해봤더니, 나 역시 돈이 없음에 집중을 했기 때문이었다. 거지 마인드가 내 온몸을 지배했다고 말해도 과언이 아니다.

내 삶은 항상 가난에 머물러 있었다. 매월 카드값, 대출금 목돈을 만들고 싶어도 내 월급으로 생활은 빠듯했다. 목돈을 모은다거나 나를 위해 투자한다는 건 생각도 못 할 일이었다. 나는 돈에 무너질 뻔한 적이 한두 번이 아니다. 그 정도로 내 생활은 여유라고는 찾아볼 수 없었다. 매일 돈만 있음 이 정도는 다 갚았을 텐데…. 내가 왜 그리 돈을 썼지? 모자란 돈은 어디서 구하지? 추가 대출은 될까? 아! 내 인생은 왜 이렇게 돈에 쪼들릴까? 이 생각들이 꼬리를 물고 나를 더욱 힘들게 했다. 순간적으로 '이런 인생, 죽고 싶다.'며 극단적으로 생각을 해본 적도 있었다. 이마저도 내 마음처럼 되지는 않았다.

그러던 중 책을 읽으면서 가난은 결국 나 자신으로부터 오는 것을 알았다. 이 사실을 알았을 때 충격이었다. 처음부터 가난하게 살고 싶은 사람이 어디 있겠나? 인정하기 싫었지만 인정할 수밖에 없었다. 맞는 말이기 때문이다. 그럼 어떻게 해야 계속 돈이 들어오지 생각하면서 책을 읽었다. 수중에 돈이 없더라도 돈에 있음에 초점을 맞추고서 돈이 있는 것처럼 행동하라는 것이었다. 의아하긴 했지만 그때부터 '나 돈 있어!', '충분히 돈이 있어!' 생각을 하면서 돈이 있음에 초점을 맞추면서 지냈다.

처음에는 돈에 초점을 맞추어도 나아지는 건 없었다. 오히려 더욱 돈이 없음을 증명하듯이 나타나는 상황들이 나를 더 힘들게 했다. 꼭 "이게 너의 한계야!" 하고 말하는 것 같았다. 이럴 때마다 허탈감, 분노, 짜증도 났다. 그렇지만 내가 그동안 살았던 생각들이라고 인정하면서, 조금씩 해결해나갈 수 있었다. 아버지께서 순순히 빌려주셔서 한 달에 한 번씩 내는 대출금도 갚을 수 있었고, 조금씩 선결제해서 물건을 구매하면서 카드값이 딱 맞게 해결되기도 했다. 바로 모든 게 해결되는 상황은 아니었지만 조금씩 풀리고 있었다. 막히는 상황도 왔지만 좌절하기보다는

'나는 해결했다.'라는 생각으로 지내고 찾으니 해결 방법도 생겼다. 나는 그동안 지내왔던 내 삶들이 지난 과거로부터 생각해온 결과물이라고 책에서 봤을 때는 믿지 않았다. 지금이 현실이라고, 사회가 이렇게 만든 거라고 원망만 했을 뿐이었다.

그동안 내가 하던 생각들, 말버릇을 생각해보니 맞았다. 그때의 생각들이 지금 현실을 만들었기 때문이다. 인생을 바꾸고 싶어서 도전을 하지만 지금 힘든 건 당연한 일이다. 그동안 쌓여 있던 쓰레기를 치우는 과정이기 때문이다. 힘든 순간들과 어려운 상황일수록 바라보고 인정하고 오히려 긍정적인 생각과 말들로 행동해야 한다. 그럼 내가 알지 못하는 상황에서 서서히 빛을 발휘하기 때문이다.

사람마다 다 다르지만 내가 어떻게 받아들이느냐에 따라서 지금 힘들어도 내 목표를 위해서 힘껏 달리고 결과를 보면 힘이 들었던 순간들이 기쁨이 된다. 하지만 힘든 것에만 집중하면 시간이 지나도 힘든 생각으로 남게 된다. 지금 힘이 드는 순간이 있다면 내가 어떻게 받아들이는지 봐야 한다. 지금 어떤 상황에 처해 있든지 힘이 든다면 그건 내일의 멋진 성공을 위해 달리는 것이다. 지금 힘이 드는가? 힘이 든다면 잘하고 있는 것이다.

07

## 감사와 긍정의 말만 하라

'감사합니다.'라는 말을 하루에 몇 번이나 하고 있는가? 나는 성인이 되면서 '감사합니다.'라는 말을 점점 잊어버렸다. 감사하다고 느낀 적이 없기 때문이다. 그리고 주변에서도 감사하다는 말을 들어본 적이 없었다. 갓 성인이 되고 난 후 세상으로 뛰어들면서 각박하게 인생을 살아서일까? 보이는 모든 것이 당연한 것처럼 보였다. 나는 이 모든 것을 당연하게 생각하고 받아들였다.

매사가 불만인 나는 모든 게 불공평하게 여겨졌다. 가끔씩 방송에서 감사한 마음을 가져야 한다는 영상을 보면 불만부터 나왔다. "감사함이 있어야 감사하지!" 감사함은 그저 있는 자들의 여유에서 나오는 거라고 믿었다. 그렇게 생각했던 내가 한 책을 보고 생각이 바뀌었다. 『2억 빚을 진 내게 우주님이 가르쳐준 말버릇』이었다. 그 책은 '감사합니다.'라는 주제로 이루어졌다. 처음에는 심드렁했지만 읽으면서 내 생각이 틀렸나? 의구심이 들었다. 그 이유는 이 저서에 '감사합니다.'라는 부분의 설명이 나와 있었기 때문이다.

"'감사합니다.'라는 말을 할 때 중요한 것은 어떤 마음으로 그 말을 하는가가 아니다. 정말 감사한 마음이 들지 않더라도 상관없다. 중요한 것은 '감사합니다.'라고 말하는 행동 자체다. 고민을 한다는 것은 행동하고 있지 않다는 것이다."

나는 계속 의심이 들었지만 한 구절을 보고서 '해야겠다.'라고 마음을 고쳐먹었다.

내가 긍정적으로 바뀌기로 결심했을 때 가장 먼저 한 것이 바로 '감사합니다. 사랑합니다.' 이 말이었다. 처음에는 믿지 않았지만 실제로 많이 바뀌었다는 글을 보고 적용한 것이었다. 처음에는 어려웠다. 한 달 안에 5만 번을 하기는 만만한 일은 아니었다. 자꾸 말한 횟수를 잊어버리기도 했고, 여기저기 표시하다 보니 햇갈렸다. 수월하게 하는 방법을 찾다가 우연히 유튜브에서 카운터기로 숫자를 센다는 영상을 보고 바로 인터넷으로 카운터기를 구매해서 시작했다. 제일 수월한 방법이었다. 매일 카운터기로 누르면서 반복해서 말하다 보니 보름만에 5만 번을 채울 수 있었다. 그때 내가 너무 기대를 했던 탓이었을까? 생각했던 것처럼 확 바뀌는 드라마 같은 상황은 없었다. 하지만 작은 변화는 시작되었다. 기존의 내가 알지 못했던 생각을 하고 받아들이는 것이 조금씩 달라지는 것이었다.

변화를 인지한 후에 기뻤다. 그래서 주변 지인들에게 감사합니다를 5만 번 말을 한 후 변화를 얘기하고 실천을 권했다. 지인들의 반응은 믿기는 하지만 그저 내가 바뀌고자 하는 노력을 했고, 변화에 대해서 축하는 하지만, 막상 본인이 실천하는 건 다 거부하는 것이었다. 그 모습들을 보면서 "그래, 바뀌고 싶은 사람만 하는 거지 뭐!" 생각을 고쳐먹고 묵묵히 앞으로 나아갔다. 내가 바뀌어서 증명하면 된다는 생각을 하는 자체가 변화가 시작된 것이다.

자기계발서에 나오는 공통점은 바로 '감사'이다. 감사하는 마음으로 하루를 보내면 삶의 변화가 일어나고 풍요가 온다는 말을 많이 한다. 하지만 처음에는 받아들이기가 힘들지도 모른다. '어떻게 감사할 수 있지?' 생소한 이야기기에 의문이 들 수도 있다. 나도 처음에는 의심을 했다. 하지만 마음을 고쳐먹고 실천할수록 달라졌고 계속 말을 했다. 그리고 시간이 지날수록 자연스럽게 감사함이 생겼다. 이제는 자연스럽게 감사한 이유를 찾고 내 생활에 감사함이 얼마나 많은지, 내가 감사한 마음으로 하루를 보낼 때의 행복감이 얼마나 큰지, 감사함이 클수록 마음은 더욱 풍요로 풍성해진다는 것을 깨달았다.

당신은 긍정적인 말버릇으로 말하면 이루어진다는 말을 믿는가? 말을 할 때 의문형, 완료형, 진행형, 기타 등등 여러 가지 말들이 있다. 말버릇으로 소원이 이루어진다고 말을 많이 한다. 하지만 어떻게? 왜? 우리는 우주와 연결이 되어 있다. 우주로 파이프가 연결되어 있기 때문에 내가 하는 말 자체로 소원이 이루어진다고 한다. 부정적인 말들을 하면은 그대로 이루어진다. 또 긍정적인 말을 하면 그대로 이루어진다.

하지만 여기서 알아두어야 할 것이 있다. 우리는 지금껏 살아온 시간 동안 계속 부정적으로 말하고 살았기 때문에 지금까지 계속 부정적인 인생이었다는 것이다. 부정적인 삶에서 갑자기 긍정적인 삶으로 바꾼다고 해도 바로 역전되는 것은 아니다. 그만큼 내가 부정적인 생각을 가지고 살았다는 증거이다.

하지만 내가 어떻게 받아들이는지에 따라서 긍정적인 삶으로의 변화가 빨라질 수도 느려질 수도 있다. 사람은 각자 본인이 원하는 소원들이 있다. 그런데 소원이 이루어지지 않는 사람들이 많다. 그건 바로 방법이 다르기 때문이라고 생각한다. 실제로 이루어진 사람들의 경우 완료형 말버릇으로 이루고자 하는 소원을 이루었다. 나는 책을 통해서 완료형으로 말을 해야 이루어진다는 걸 알게 되었다. 실제로 이루어진 사례도 있다. 완료형으로 말을 함으로써 우주는 이미 이루어졌다고 인식을 하기 때문이다.

변화가 없는 나의 삶에 지쳐가고 있을 즈음, 소원을 이루기 위해 여러 방법을 시도했을 때였다. 실오라기 하나 잡는 심정으로 반드시 길이 있다 믿으면서 나는 계속 찾아 헤매고 있었다. 그러다 우연히 한 영상을 보면서 변화가 일어나기 시작한 것이었다. 그건 바로 유튜브 〈김도사TV〉였다.

김도사님을 만나기 전, 유튜브 〈김도사TV〉를 시청할 때였다. 한 영상에서 부자가 되는 5가지 말버릇에 대한 영상을 봤다. 혼자 있을 때 생각하고 말하는 말버릇이 진짜 나의 생각이라는 말을 들었기 때문이다. 그리고 5가지 말버릇을 혼자서 읊조리듯 조용히 말했다.

나는 특별하게 살겠다.

나는 하나님의 사랑스러운 자녀다.

나는 매일 모든 것이 나아지고 있다.

지금 힘들어도 결국 잘되게 되어 있다.

나는 1,000억 부자로 살겠다.

혼자 있을 때마다 계속 말했다. 성공자의 삶을 살기 위해서 내가 할 수 있는 건 성공자들의 말을 따르는 일뿐이었다. 특별한 요구가 있는 것도 아니었다. 그저 혼자 있는 시간에 말을 계속하는 것뿐이었다. 이분 역시 무스펙에 무자본으로 성공한 분들 중 한 분이시다. 실제로 성공한 사람의 말을 영상을 통해서 들어서일까? 나는 본능적으로 조그만 수첩과 포스트잇을 찾아서 쓰고 난 다음 계속 보면서 행여 조금이라도 틀리게 말할까 확인하면서 화장실을 가도, 강아지와 산책을 해도, 어디서든 나는 반드시 달라진다는 생각으로 매일 10번 이상씩 계속 말을 했다. 간절한 마음으로 행동했던 내 바람이 통했을까? 나는 지금 이렇게 글을 쓰고 있다. 첫 번째 말버릇이 이루어지고 있는 것이다.

대부분 사람은 본인이 평상시 어떤 말을 하는지 잘 인지하지 못한다. "평상시에 자주 하는 말들 중 어떤 말을 제일 많이 하십니까?" 물어본다면 대부분 사람들은 "글쎄요." 이렇게 대답을 할 것이다. 나도 내가 말하던 말버릇들이 온통 부정적이었다는 것을 긍정 말버릇으로 바꾸고 생각을 하면서 서서히 알게 되었다. 우리가 무엇을 생각하고 말하는지에 대해서 잘 모른다는 것이다. 그만큼 무의식의 말버릇은 정말 우리가 생각하는 이상으로 효력을 발휘한다는 것이다.

긍정적인 생각을 하기 위해서는 평상시에 쓰는 말버릇을 고쳐야 한다. 성공한 사람들의 특징은 모두 긍정적으로 받아들이고 말을 한다는 것이었다. 여기서 함정은 있다. 바로 변화의 시간 차이다. 이 시간 차를 극복을 하지 못하면 나는 원래 있던 자리에 계속 있게 되는 것이다. 긍정적으로 행복하고 성공적인 삶은 내가 어떤 마음으로 어떻게 실천하느냐에 따라서 결정된다. 나의 인생은 나에게 달려 있다.

오 장

책을 읽고 가장 바꾸기 힘든 나 자신을 바꿨다

## 멘토를 만나다

　나의 첫 번째 스승은 책이었다. 책을 보고 그 말들을 따라 하고 실현하길 여러 번 그러다 문득 책에서만 만나는 스승이 아닌 나를 변화로 이끌어주는 스승님을 만나고 싶었다. 나는 어느 순간 나의 귀인을 만나고 싶었던 것이다. 나는 항상 책을 보면서 꿈을 꾸었다. 과연 나의 귀인은 누구일까? 어떤 분을 만나게 될까? 사람일까? 아님 영적인 존재? 우주님? 이런 생각을 하면서 책에 나오는 귀인이자 멘토를 만나는 작가들이 부러웠다. 나도 멘토님을 만나면 참 좋을 텐데⋯. 하지만 아무런 연고도 없고 어디로 나가서 내 멘토님을 찾을 방법은 없었다. 지금 내 현실을 인정할 수밖에 없었다.

내 일상은 일을 하고 퇴근한 후에 소원일기와 의문형 확언을 쓰고 나머지 시간은 퇴근 후에 지쳐 있는 내 일상을 달래려 책을 읽고 부정적인 잡생각을 긍정으로 극복하려는 말을 하고, 유튜브에서 시청했던 〈김도사TV〉에서 본 5가지 말버릇을 하루에 10번 이상을 하면서 보내는 것이었다. 그러다 오랜만에 유튜브를 다시 보았는데 운명일까? 한 영상에 나온 한 문구가 내 심장을 움직였다. 그 영상에서 나온 말은 이러했다.

"성공한 사람들을 따라서 살아갈 필요는 없다. 성공한 사람들처럼 살아야 한다. 책을 써야 성공한다. 책을 써야 성공한 사람들처럼 살아갈 수 있다."

나는 순간 머리를 한 대 맞은 듯한 느낌이 들었다. 책을 읽으면서 영상을 보고 했을 때 성공한 사람들처럼 살아야 한다는 말은 들었다. 하지만 방법을 알려주는 곳은 어디에도 없었다. 그런데 이 채널에서는 알려주고 있었다. 순간적으로 강한 끌림이 왔다. 내 느낌이 말해주고 있었다. 찾아가라고, 방법을 찾으라고 그렇게 본능적으로 말해주고 있었다.

나는 내 인생을 그저 남들과 똑같은 일을 하면서 보내기는 싫었다. 나도 꿈이 있었다. 그런데 그 꿈을 펼칠 곳이 없었다. 아니 정확히 말하면 방법을 몰랐다. 하지만 여기서 멈출 수는 없었다. 나는 반드시 찾는다고 믿었다. 그렇게 믿으면서 나는 상상을 했다. 나만이 할 수 있는 일을 하면서 지내는 상상으로 버티던 내 인생의 빛이 보였다.

현실은 참 나를 부정 구덩이로 넣기에는 안성맞춤이었다. 나는 병동에서 근무하는 간호조무사이다. 병동은 평일, 주말, 휴일이 없다. 그저 한 달 스케줄대로 짜여서 움직이는 일상이었다. 그분을 만나러 갈 수 있는 방법이 있는데도 내 스케줄에는 만남이 허락되지 않았다. 나는 그때 좌절했다. 왜 나는 주말이나 휴일에 쉴 수 있는 직업이 아닐까? 순간 자책도 했다. 하지만 그건 잠시뿐이었다. 나는 바로 내가 할 수 있는 일을 생각해보았다. 영상에 나와 있던 번호로 내 상황을 적어 문자를 보냈다. 시간이 얼마 안 지나서 문자에 답장이 왔다.

그리고 바로 전화가 왔다. 그분이 직접 해주신 건 아니지만 거기에 계시는 코치님이 연락이 온 것이다. 코치님은 정말 오기 힘든지 여쭤보셨다. 나는 있는 그대로 내 상황을 얘기하고 도움을 요청했다. 조용히 들으시더니 안타까워하면서 진심 어린 마음으로 조언을 해주셨다. 나는 그 조언을 받아들이고 목록에 있는 그분의 책을 샀다. 당장 다 살 수는 없지만 내가 끌리는 책부터 3권을 인터넷으로 구매를 시작으로 그 뒤로 한 권씩 구매를 했다. 책이 도착해서 읽고 쓰고 하면서 반드시 만날 수 있다는 생각을 가지고서 반드시 작가가 된다는 생각을 했다. 다음 달에 만나러 갈 수 있다는 확고한 믿음을 가지고 생활을 했다. 그리고 다음 달에 내가 바라던 대로 그분을 만나러 갈 수 있었다. 바꾸고자 하는 나의 마음이 통한 것일까? 이 믿음으로 나의 멘토님을 만날 수 있었다.

사람이 인생에 변환점을 맞이하는 순간에 자신의 길로 나아가게 된다. 바로 스승님이다. 스승님의 가르침으로 비로소 자신이 원하고자 하는 길로 가는 방향을 잡을 수 있다. 사람은 어릴 때는 부모가 스승이 되고, 점점 자라면서 학교 선생님이 스승이 되고, 어른이 되면 사회가 스승이 된다. 이처럼 자연스럽게 흘러가듯이 사람 또한 마찬가지다. 단지 빨리 만나느냐, 늦게 만나느냐에 따라 인생의 목표의 흐름이 차이가 난다는 것이다.

도사님 만나기 전 생각이 종종 난다. 그때 나는 그 당시에 귀인에 대한 환상이 있었다. 나의 귀인은 어떤 사람일까? 계속해서 책일까? 책으로만 보던 우주님일까? 남자일까? 여자일까? 어떤 성격을 가지고 계실까? 이런 생각들이 나를 행복하게 만드는 순간이었다.

나는 나의 멘토이신 김도사님을 만나 그분의 피드백으로 나의 의식은 정말 많이 달라졌다. 그동안 나 혼자서 책을 읽고 어느 정도는 이해했다고 자부했지만, 그분을 만나고서는 내가 이해한 것은 그저 손톱만큼에 지나지 않았다는 것을 알게 되었다. 그분의 가르침을 따라서 행동을 한 후부터는 나의 마인드와 보이는 시선들이 달라짐을 알 수 있었다. 그동안 당연하다고 생각했던, 내 오랜 몸에 밴 습관들, 생각 다 나의 자아에서 만들어진 모습이라는 것을 알게 됐고, 현재 보이는 모습은 그저 과거로부터의 모습이라는 것을 실감하게 됐다. 다 나의 멘토님을 통해 더욱 잘 알게 된 것이다.

무엇보다 의식 변화가 정말 많이 달라지기 시작했다. 시간이 지나면서 내가 읽고 따라 했던 행동들, 그리고 그동안 읽었던 책들의 이야기가 제대로 이해되기 시작된 것이다. 왜 그런 말을 했는지, 왜 그렇게 행동하라고 했는지, 마치 여기저기 섞여 있던 퍼즐들이 제대로 하나씩 자리 잡기 시작한 것이다. 꼭 퍼즐놀이 하는 것처럼 너무도 재미있어지기 시작한 것이다. 그렇게 하나둘씩 깨달음을 얻을 때마다 책을 읽는 것이 즐거워졌고, 김도사님의 영상을 보는 것도 더욱 재미있어졌다. 가끔은 나 자신에게 정말 놀랐다. 하루하루가 나도 모르게 발전됨에 기쁘면서 스스로 대견하기도 했다. 그럴 때마다 김도사님께 정말 감사한 마음뿐이었다.

나는 김도사님이 아니었다면, 아직도 지금 상태에 머물러 있을 생각을 하면 아직도 아찔하다. 더 오랜 시간을 방황해야 하기 때문이다. 그만큼 자신의 인생에 있어서 중요한 시점이 있다는 것도, 터닝포인트가 생긴다는 말도 종종 실감을 했다. 지금 내가 그 시점이었던 것이다. 만일 내가 책 쓰기 1일 특강에 기를 쓰고 가지 않았다면 난 여전히 영상에서만 나의 멘토님을 뵙고 있을 것이다. 나는 그분이 한 말씀을 듣고 난 후에 작가가 되기 위해서는, 그분을 만나야 작가가 될 수 있다는 사실을 알았을 때의 그 기분을 아직도 잊을 수 없다. 그리고 처음으로 움직였다. 내가 이렇게 적극적인 사람인 걸 그때야 알 수 있었다. 간절함은 통했고, 마침내 나는 도사님께 책 쓰기를 배웠고 작가가 되었다.

나는 세상에 이유 없는 우연은 없다고 생각을 한다. 내가 정말 간절하게 생각을 했기에 이 모든 것이 가능해졌다고 생각한다. 만일에 내가 책을 읽으면서 달라진다는 생각이 없었다면 이 말을 들었을 때 어떤 감정이 들었을까? 또 한 번 만나러 간다고 하면 나는 그걸 어떻게 받아들였을까? 아마 계속 놀라고 호기심을 보였겠지만, 당장 눈앞에 보이는 현실에 마냥 좌절하고 있을지도 모른다는 생각을 했다. 어쩌면 지금 도사님을 뵌 것이 정말 천운이라는 생각을 종종 한다.

사람은 누구나 귀인을 만날 수 있다. 다만 진정한 귀인인지, 아님 귀인을 가장한 드림 킬러인지는 정확히 장담을 하지 못한다. 그건 바로 자신의 마음가짐에서 오기 때문이다. 나 역시 내 귀인이라고 착각을 할 때가 있었다. 너무 간절히 귀인을 바라는 마음에서 이 사람이라고 생각을 했지만, 시간이 지나면서 아니라는 느낌이 강하게 들었고, 간절한 내 마음이 빨리 바뀌고자 한 조급함에 섣불리 결정을 한 것이다. 오히려 다 내려놓고 지내니깐 정말 우연히도 스리슬쩍 찾아온 것이다.

나는 사람에게 인생에 변화가 생기고자 할 때 생각지도 못하게 귀인이 찾아오는 거라고 생각한다. 인생의 멘토를 만난다는 건 새로운 인생을 받아들일 준비가 되었다는 뜻이기도 하다. 자신의 인생에서 생각이 나는 사람이 있는지 생각해보길 바란다. 만약에 그분의 말씀으로 인생이 바뀌어간다는 건, 자신의 귀인을 만나는 것이기 때문이다. 자신의 운명을 개척하고 싶다면 지금 당장 행동해라. 그럼 자신의 멘토님을 자연스럽게 알아보고 행복과 성공의 길로 빠르게 나아가게 된다.

# 02

# 나는 이미 행복한 사람이다

사람은 누구나 행복하기를 원한다. 하지만 진정으로 행복을 느끼면서 사는 사람은 과연 몇이나 있을까? 가끔 이런 생각을 종종 했다. 나는 내가 전혀 행복하다고 느끼지 못했기 때문일까? 매일이 행복하다는 성공자들의 기분도 궁금했고, 신기하기도 했다. 행복은 멀리 있지 않다고 하는데…. 나는 행복하다가도 화가 자주 나기도 했고, 불안하기도 했다.

어떻게 불만이 없이 평온하게 행복만 느끼는지 궁금했다. 나는 거기에 특별한 것이 있다고 생각했고. 믿었다. 책을 읽으면서 과연 어떻게 해야 행복한지 읽으면서 생각을 하게 된 것이다.

나는 성공자들의 말을 따라서 감사함을 찾으려고 노력했고, 행복한 이유를 찾으려고 노력을 했다. 그런데 아무리 생각을 해봐도 상황을 봐도 행복한 상황보다 보란 듯이 자랑하듯 부정적인 상황만 더 보이는 것이다. 참으로 신기했다. 어쩌면 긍정적인 이유를 찾으려고 하면 부정적인 것들만 눈에 더 쏙쏙 들어오는지 부정적인 백과사전을 적어도 되겠다는 생각이 들 정도였다. 그래도 찾아야 하기에 이를 악물고서 찾기 시작했다. 살짝 오기가 생긴 건지도 모른다. 그렇게 하루를 보내다 좀 지치기도 했다. 그래서 살짝 내려놨을 때 뜻밖의 곳에서 나의 행복을 찾기 시작한 것이다.

하루는 마트를 가기 위해서 길을 가던 중에 유난히 햇빛이 좋고 날씨가 기분이 좋았다. 그래서 나도 모르게 주변을 돌아보면서 길을 걷기 시작했다. 같은 길인데 그날따라 유난히 다르게 보이고 심지어 환경이 밝아 보였다. 물론 그 와중에 잡생각이 나긴 했지만, 그렇게 신경 쓰지 않았다. 그렇게 마트로 가서 장을 보고 난 후에 집에 오려는 찰나였다. 순간적으로 드는 생각이 나에게 깨달음을 준 것이다. 내가 기분 좋은 날씨에 걷고 장을 보고 돈이 있으니 결제도 했고, 그러다 문득 부처님이 생각났다. '부처님께 인사를 드릴 때 나 참 기분이 좋았지. 나 사랑 엄청 많이 받는구나!' 이런 생각과 동시에 기분이 좋았다. '행복이란 게 이런 느낌이구나!' 느낄 수 있었던 것이다.

그렇게 깨달음을 얻고서 나는 자신감에 가득 찼다. 나도 매일매일을 행복을 계속 느낄 수 있다고 자부했다. 하지만 그건 잠깐 찰나의 느낌이었고, 나는 곧 다시 평상시에 내 감정으로 돌아가서 부정적인 감정에서 계속 싸우게 되었다. 하지만 한 번 행복의 기분을 맛보았기 때문이었을까? 다시 행복한 이유를 찾으려고 노력을 했다. 아주 사소한 것이었지만, 거기서 느껴지는 작은 행복을 시작으로 나는 종종 작은 행복을 계속해서 찾을 수 있었다.

항상 토요일마다 어머니를 모시러 어머니가 계시는 곳으로 수레를 끌고 간다. 어머니를 만나러 가는 중에도 내가 건강해서 어머니를 모시러 갈 수 있고, 이것 또한 도움을 주는 일인 것이란 점에서 감사한 것이란 걸 알게 되었다. 그렇게 감사한 마음으로 가다 보니 도움을 줄 수 있음에 감사함을 느끼면서 자연스레 가는 길이 행복했고, 어머니를 만나서 재미나게 얘기하면서 마트에서 장을 보고 무거운 짐을 들고서 집으로 가는 길마저도 행복했다.

나는 매일 행복하다고 하면 거창한 것이 있어야 한다고 생각을 했다. 작은 행복은 그저 일상에서 흔하디 흔한 일이라고 생각을 했다. 하지만 이 생각 자체가 나의 큰 착각인 걸 뒤늦게 알았다. 그리고 후회를 했다. 이 작은 행복을 놓쳐서는 안 된다는 것을, 이것이 정말 나에게 큰 행복으로 가는 길이며, 풍요를 오게 하는 길인 것을 알았기 때문이다. 그리고 나서 후회와 자책의 시간을 조금 가지며 시간을 보냈다. 그러던 중에 내가 이럴 게 아니라 이 시간에 행복한 이유를 찾자 생각을 굳힌 후 행복의 이유를 찾기 시작했다.

사람은 자신이 목표를 가지고 거기에 맞춰서 행동을 할 때 성취감과 행복감을 느낀다. 반면 목표도 없고 그냥 있는 시간을 버틴다고 생각을 하면서 지내면 무기력과 불행함을 느낀다. 나는 성취감으로 행복을 느끼기보다는 무기력하면서 불행함을 느끼는 쪽에 가까웠다. 도무지 의욕이 생기질 않아서 그런지, 하루를 열정적으로 살아가는 사람들이 부러웠다. 나도 그렇게 저 사람들처럼 열정을 가지고 자신의 일을 하면서 하루를 보내는 사람이고 싶었다.

나는 본격적으로 책 쓰기 수업을 들으면서 도사님의 조언으로 카페 활동을 하기 시작했다. 처음에는 제대로 하지 않았다. 그저 빨리 성공하고 싶고 실력을 갖추고 싶다는 욕심 때문에 카페 활동은 한다고 하면서 제대로 하지 않았다. 변명만 가득한 똑같은 나였다. 결국 김도사님께 크게 혼이 나고 달라지겠다고 약속을 하고서, 가만히 생각을 했다. 눈물이 앞을 가리기도 했지만, 바뀌겠다고 약속을 한 이상 나는 어떻게든 지키고 달라지고 싶었다. 내가 왜 지금껏 이 고생을 했는지 생각을 한 것이다.

나는 계속 똑같은 자리에서 맴돌고 싶은 마음이 없었다. 우선 시작에 앞서 동기 부여라는 단어의 뜻을 검색해보게 되었다.

동기 부여의 뜻으로 '어떤 생활체를 활동하도록 자극하여 의도하는 목표로 향하게 하는 것이다.'라는 말이 적혀 있었다. 나는 심호흡을 크게 쉬고 내쉬었다. 그리고 그렇게 본격적으로 카페 활동을 하게 된 것이다. 처음에는 활동을 하면서 댓글을 남기는데 어떤 식으로 남겨야 하는지 난감했었다. 왜냐하면 〈한책협〉에 가입하기 전에 다른 카페에서 활동을 한 적이 있는데 댓글 쓰는 스타일이 비슷해서 꼭 거기서 쓰던 말을 붙여쓰기 하는 것 같은 느낌이 들었기 때문이다. 그래서 그런지 몰라도 무슨 말을 해야 할지 잘 몰랐다. 그래서 좀 방황을 많이 했다. 하지만 시간이 지나면서 댓글도 점점 적응을 해나갈 수 있었다.

나는 카페 활동을 하면서 나 자신에게 신기했던 것이 아무렇지 않게 댓글을 남기게 되었고 점점 카페 활동 하는 것이 재미있어지기 시작한 것이다. 누군가에게 축복을 주면 그 축복이 나에게로 그대로 와서 행복을 느끼게 해주었다. 나는 점점 내 자신이 행복하다는 것을 알게 되었다. 점점 푹 빠지면서 계속해서 활동을 이어나갔다. 그리고 정말 생각지도 못한 일들이 계속 발생했다. 내가 무언가 하고자 하는 일들이 더 쉽게 술술 풀리는 것이었다. 나는 놀라움과 동시에 성취감으로 더욱 자신감이 차오르면서 활기를 찾기 시작했다. 그리고 서서히 깨달은 것이다. 행복이라는 것도 어떻게 오게 되는지, 왜 행복한 사람들은 그냥 일상이 행복하다고 하는지 그 이유를 알게 되었다.

　나는 내가 행복해져야 주변 사람들이 행복해진다는 말을 정말 이해할 수가 없었다. 어떻게 보면 나를 제외한 모든 사람들은 타인이다. 그런데 왜 행복해지는지 알 수 없었다. 하지만 시간이 지나면서 그 말의 의미를 서서히 깨달을 수 있었다. 처음에는 보이지가 않았다. 그런데 어느 순간에 바뀌어간다는 것을 알게 되었다. 내가 행복해지니 자연스레 말과 행동이 달라지며 받아들이는 상대방도 서서히 달라지는 것이다. 내가 행복하니 무엇을 하든 자연스레 웃음이 나오고 장난을 치게 되고 여유가 생기니 상대방도 자연스레 그 모습이 배는 것이다.

　나는 긍정적인 감정은 솔직히 말해서 거창한 데서 나오는 줄 알았다. 책을 보면 사소해 보이기보다는 거창해 보였다. 그래서일까? 나한테 오는 모든 것들은 크게 이루어지는 상태에서만 존재하는 줄 알았다. 하지만 책을 읽으면서 그건 나의 착각이고, 나 스스로 왜곡시킨 것이란 걸 알게 되었다. 하루를 긍정적으로 생각하고 살면 힘든 상황이 와도 긍정적인 생각으로 버티게 되고 더 좋은 결과로 이루어진다는 것 자체가 큰 축복임을 깨닫고 감사함을 느꼈다.

"당신은 지금 행복하십니까?" 누군가가 이 질문을 던졌을 때 과연 바로 대답이 나올지 궁금하다. 내가 이 질문을 받는다면, 과거의 나였다면 대답을 하지 못했을 것이다. 나는 과거에 행복과는 전혀 먼 삶을 살았기 때문에, 행복하지 않는 순간이 다라고 말을 할 정도다. 하지만 지금은 바로 "네." 하고 바로 나온다. 지금 자신이 하루를 지내는데 행복한 감정이 얼마나 드는지 생각해보기를 바란다. 단 한순간이라도 행복하다는 느낌을 받는다면 거기에 집중하고 계속해서 행복하게 지내려고 노력을 해야한다. 행복은 목적이 아닌 단지 과정에서 일어나는 일일 뿐이다.

J. S. 밀의 어록이 생각이 난다.

"나는 지금 행복한가 하고 자기 자신에게 물어보면 그 순간 행복하지 못하다고 느끼게 된다."

행복은 멀리 있지 않다. 결국에는 내가 어떤 마음을 먹고 하루를 보내는가에 따라서 삶의 질이 달라진다. 행복은 결국 우리 옆에 있다. 자신이 행복하지 물어보기보다 자신의 하루를 잘 생각해보고 생활을 하면 자신이 어떤 상태인지 금방 알아차릴 수 있다. 자신의 행복함을 하나라도 찾았다면 나는 이미 행복한 사람이라는 것을 당신도 알 것이다.

# 내면의 부정적인 감정을 다스려라

　나는 문득 궁금했다. 다른 사람들은 부정적인 감정이 드는 순간에 어떤 방법으로 대처를 하는지, 그리고 나는 어떻게 대처를 하면서 극복을 했고 지금은 어떻게 대처를 하는지 궁금해졌다. 내 주변의 사람들 같은 경우에는 크게 호흡하면서 유유히 걷는 사람도 있고, 그때의 부정적인 감정이 드는 순간을 최대한 멀리하려고 노력을 한다.

　이처럼 각자 자신만의 방법이 있다. 나는 부정적인 감정이 나타나는 순간은 여러가지 방법으로 나타난다고 생각한다. 그때 자신이 어떻게 대처를 해야만 현명한 사람인지 생각을 해봐야 한다.

나는 문득문득 불안하거나 부정적인 생각이 날 때가 많았다. 그때마다 '감사합니다, 사랑합니다.'를 연신 외치긴 했지만, 그래도 본질적으로 해소가 되지는 않았다. 그래도 뭔가 방법은 있다고 믿으면서 한참을 '감사합니다.'를 외칠 때 우연히 유튜브로 책 한 권을 알게 되었다. 그 책은 『자기사랑』(저자 로렌스 크레인, 가디언)이라는 책이었다. 그 책은 흘려버리기 기법으로 유명한 책이었다. 나는 갑자기 이 책이 사고 싶어졌다. 나에게 정말 많이 도움이 될 거라는 생각이 들었기 때문이다. 당시 아버지께서 영풍문고에 가실 일이 있다고 해서 부탁드렸다. 아버지께서는 흔쾌히 수락해주셨고, 다녀오신 다음에 책은 부산에서 올 거라고 말씀하셨다. 좀 의아했지만, 나는 기다렸다.

책은 시간이 걸렸다. 지금의 남자친구를 처음 만나기로 한 날에 책이 도착했다. 나는 약속장소에 가기 전에 시간이 있어서 책을 읽어보기 시작했다. 좀 의아해하면서도 신기했다. 사랑이 가득 차면 풍요롭고 행복해진다는 이야기였다. 계속해서 읽어보았다. 그 책을 보면서 다시 한 번 알게 되었다. 결국 모든 결핍은 자신에게 사랑을 주지 않고 외부로부터 사랑을 원하기 때문에 계속 요구하는 마음으로 준다는 것을, 그리고 결국 상대방에게 자신이 원하는 사랑을 받지 못함에 실망한다는 사실을 알게 된 것이다. 나는 궁금해졌다. 어떻게 해야 그 결핍에서 벗어나는지를 답을 찾기 위해서 계속해서 읽어나가게 되었다.

계속 읽으면서 나는 답을 찾게 되었다. 나에게 사랑을 주면 되었다. 그리고 방법은 간단했다. 나에게 계속 사랑한다고 말하면 되는 것이었다. 참 간단하면서도 허무했다. 자신에게 계속 사랑을 주라는 건 알고 있었지만 방법을 몰랐다. 그런데 여기서는 방법을 알려주었다. 너무도 간단한 방법이었다. 그리고 부정적인 생각을 대처하는 방법도 나와 있어서 계속해서 읽어나갔다. 부정적인 상태를 인정하는 것이었다. 나는 지금 내 부정적인 생각에 사용해보기로 마음먹었다. 그리고 바로 실행에 옮겼다.

나는 이 당시에 마음 고생이 좀 많이 심했다. 남자친구는 당시 몸살이 심하게 걸린 이후로 연락이 안 되는 상황이었고, 나는 나대로 계속해서 부정적인 생각이 계속 나고 걱정도 되고 불안하기도 했다. 하지만 그럴 때일수록 나는 다 내보낸다는 생각으로 부정적인 생각을 계속 인정하면서 "잘 가" 이렇게 말하면서 하루를 지냈다. 그렇게 시간이 흐르면서 조금씩 깨달음을 가지기도 했고, 울기도 했고, 내 감정에 "예." 하고 인정하면서 시간을 보냈다. 이 기법을 사용하면서 크게 달라진 건 아니지만 그래도 순간순간에 평온함을 종종 찾을 수 있었다.

나는 초반에 어떻게 다뤄야 하는지 몰랐다. 그렇게 책을 보면서 무작정 따라 하기를 여러 번 그렇게 서서히 안정을 찾을 수 있었고, 조금씩 나의 불안을 알게 되었다. 어떤 것이 불안한지 그리고 이유를 알 수 없지만 무슨 부정적인 생각이 드는지를 조금씩 찾기 시작했다. 그 후로도 한동안 계속해서 사용하게 되었다.

나는 두 가지의 드림 킬러가 있다고 생각한다. 하나는 나의 생각을 그대로 말해주는 드림 킬러, 두 번째는 나의 에너지를 모두 빨아들이는 드림 킬러, 사실 드림 킬러를 알지는 못했다. 『2억 빚을 진 내게 우주님이 가르쳐준 운이 풀리는 말버릇』(저자 고이케 히로시, 나무생각)에서 평상시에 자신이 생각하는 것을 타인이 말해주는 드림 킬러가 있다고 했다. '엥? 그런게 있다고?' 당시 내 반응은 이랬다.

두 번째, 김도사 작가의 『150억 부자의 부의 추월차선』에서 기운을 뺏는 드림 킬러가 있다는 것을 알았다. 그때도 '엥? 뭐야? 이런 드림 킬러도 있어?' 당시에 나는 좀 혼란이 왔다. 과연 어떤 것이 맞는 것인지 고민을 해보기도 했다. 하지만 이건 정말 무의미했다. 내 결론은 이러했다. 둘 다 맞는 말이었다.

내가 생각하는 것들이 상대방으로부터 나온다면 기분 참 묘하면서도 안 좋았다. 정말 그것을 막상 직접 들으니 기분이 좋은 게 아니라 열이 받았다. 정말 드림 킬러였다. 내가 걱정하고 자신이 없어 하는 부분을 자신감으로 시작하려고 해서 얘기하면 어김없이 기다렸다는 듯이 부정적인 말을 계속해댔다.

정말 기분이 더러웠다. 참 신기하게도 내가 불안해했다가 큰 마음을 먹고 한번 도전해보자는 생각으로 상대방에게 말하면은 그 상대방은 어김없이 부정적인 소리를 해대는 건 기본이고 나를 계속 무시했다. 순간적으로 '나 이 사람 왜 만나니? 왜 내가 이런 소리를 들어야 하지?' 후회하기를 여러 번이었다. 나는 미련곰탱이처럼 끊어내지도 못하고 계속 만났다. '에휴~~!' 한숨이 절로 나온다.

시간이 지나면서 이제는 알게 되었다. 내 스스로가 그렇게 나를 평가했고, 그렇게 생각했으니 자연스럽게 이런 사람이 온 것이다. 결국 내 모습인 걸 인정했다. 기운이 빼는 드림 킬러는 정말 이기적이고 부정적인 생각을 가진 사람이었다. 전에는 몰랐다. 하지만 어느 순간부터 보이지 않던 그 사람의 이면을 보게 되는 것이었다.

그 사람은 나를 생각하고 위하는 마음에 정말 많이 해준다. 하지만 실상 생각해보면 자신의 이득도 많이 가져가는 사람이었다. 한번은 축하할 날이 있어서 자신이 원하는 걸 해주기로 했다. 나의 경제적 상황은 좋은 편이 아니었다. 하지만 그 사람의 행복을 위해서 기꺼이 해주기로 했다. 하지만 시간이 조금 지나서 이 사람은 더 큰 걸 당당하게 원했다. 나는 당황했고, 생각 좀 해본다고 말을 했다.

그렇게 시간이 흐르고 나는 정신없이 하루를 보내고 있었기에 약속을 잊은 건 아니지만 못 해주는 마음에 미안하기도 했고, 내 현실에 한숨이 나오기도 했다. 그렇게 시간이 지났고, 그 사람에게 전화가 왔다. 자신이 부탁한 얘기가 나오던 중에 나는 평상시와 똑같은 하루지만 내 마음이 편안해져서 여유롭다는 말을 하게 되었다.

그때 그 사람은 나에게 서운한 감정과 동시에 자신의 상황에서만 생각하고 얘기를 했다. 그리고 나를 생각해서 말을 했다지만 이상하게 그렇게 들리지가 않았다. '나는 너를 이렇게 위하는데 너는 나한테 왜 이렇게 해?' 이렇게만 들리는 것이었다. 그렇게 통화를 종료한 후에 한참 생각했다. 그리고 나는 알게 되었다. 그동안의 내 모습을 보여준 것이라는 것을. 문제의 원인도 결국 나였다.

나는 두 가지의 드림 킬러를 만나고 겪어보고 회의감에 빠지기도 했다. 내가 이렇게 나를 무시하고 있었다는 충격과 내가 준 만큼 너도 줘야 한다는 생각과 동시에 사람의 진을 빼는 존재가 바로 나였다니! 결국에는 나의 내면의 부정적인 감정이 연신 드러났던 것이다. 나는 결국 인정하고 감사했다. 이 모습을 보지 않았다면 그동안 내가 어떻게 했고, 어떤 사람이었는지 모르기 때문이다. 덕분에 나는 진정한 내면의 불안함에서 벗어날 수 있었다.

그리고 거기에서 더 이상 생각이 나지 않았다. 자연스레 집착이 사라진 것이다. 드림 킬러를 마주한다는 것은 단순히 나의 모습만이 아니라 나의 불안함을 마주보고 극복해야 하는 한 과정임을 알았다. 나는 그 후로 책을 계속 읽으면서 성장할 수 있었다.

나는 자신이 무의식에 하는 생각이 굉장히 중요하다고 생각한다. 거기서 정말 자신이 생각하는 모습이 나오기 때문이다. 이 무의식이 가진 생각을 알았을 때 여러 번 우울하기도 했다. 자신의 무심코 내뱉는 말에 귀기울인 적이 있는지 생각을 해보기 바란다.

때로는 타인에게 듣는 것도 좋은 방법이다. 자신은 느끼지 못 하더라도 타인은 제 3자이기 때문에 때로는 자신이 무슨 말을 자주 쓰는지 잘 알 수 있다. 그 말이 나온다는 것은 곧 내 생각이 그대로 나오는 것이기 때문이다.

나 역시 처음에는 믿지 않았지만, 지금은 인정한다. 그리고 현재 내가 무의식에 내뱉는 말은 과거와 현저히 차이가 나는 것을 알기 때문이다. 대부분 사람은 부정적인 생각이 들면 외면하거나 부정을 많이 한다. 하지만 나는 반대로 인정하길 바란다.

인정하는 순간부터 자유로워지기 때문이다. 자신의 두려움을 마주해라. 그럼 자연스럽게 자신의 내면의 부정적인 감정을 알게 되고 다스릴 수 있게 된다. 그렇게 되면 비로소 자유를 찾을 수 있게 된다.

04

나답게 살아갈 용기를 가져라

    당신은 지금 자신이 원하는 삶을 살아가고 있는가? 나는 이제껏 내가 원하는 삶을 산 적이 없다. 내가 무엇을 잘하는지도 몰랐다. 원하는 것 또한 없었다. 그저 시간이 흘러가는 대로 남들이 살아가는 삶을 살았다. 항상 꿈을 꾸었지만 정작 현실은 내가 어떤 재능이 있는지도 모르는 채 시간만 보낼 뿐이었다. 막상 다른 일을 시작하려고 하면 어떤 일을 해야 할지도 모르겠고, 용기도 나지가 않았다. 현재 자신이 살아가는 순간에 회의감이 든 적은 없었는지, 그리고 결정적인 순간에 무모한 행동을 한 적은 있었는지 한 번은 생각해보기를 바란다. 나는 평상시와 다름없이 병동에서 근무를 하고 있었다. 그러다 문득 지금 일하고 있는 내 모습을 발견하게 되었다. 평상시와 다를 바 없는 내 모습인데, 내가 하는 일이니 당연하다고 생각을 했는데, 이상하게 회의감이 오기 시작했다. 나는 이유를 알지 못했다. 왜 일할 때 이런 생각이 드는지 의문이 들었다. 나름 원한 곳에 취직한 병원인데 왜 그럴까? 의문만 쌓여가고 있을 때, 알게 되었다. 내가 꿈을 꾸면서 살던 모습이 아니라는 것을. 지금 마치 공장에서 기계가 주어진 시간에 똑같은 물건을 찍어내듯이 내가 하는 모습이 그렇게 느껴진 것이다. 마치 주어진 시간에 일하는 기계 같다는 생각이 들었다.

매일 아침에 다음 날에 환자분께 드려야 할 약을 세팅해야 했고, 주사가 있으면 시간에 맞춰서 주사를 놔줘야 했고, 그 외에 내가 해야 할 일은 너무 많았고, 바빴다. 나는 숨 쉴 시간도 없이 종일 바쁘게 정신없이 일해야만 했다. 나는 익숙한 일이 아니었기에 업무 속도가 빠른 편도 아니었다. 이제 익숙해지는 단계에서 일은 과도하게 너무나 많았고, 계속해서 정신없이 나는 이리저리 바쁘게 다니고 있었다. 내가 공부하지도 않았고 직접 해보지도 않았던 것들이 너무도 많았다. 익숙하지 않기 때문에 서툴러서 그런지 실수도 많았고, 그렇게 내가 죽어라 일해서 버는 돈은 너무나 적은 액수였다.

허탈감이 들었다. 그리고 또 한편으로는 충격이었다. 내가 그렇게 종일 내 시간을 투자해서 버는 돈이고, 내가 스스로를 이렇게 낮은 금액으로 한정 지어서 살았다는 것에 드는 회의감은 이루 말할 수 없었다. 나의 값어치가 이것밖에 안되는 사람이었나? 나 자신에게 계속 물어봤다. 그 후로 일을 하면서 나는 점점 답답함을 느끼게 되었다. 일을 하는 내내 모든 게 짜증이 났다. 내 마음이 어지럽고 불안정해서일까? 나는 더욱 실수투성이에 내 마음은 점점 직장에서 떠나가고 있었다. 직장은 어느 순간 나의 감옥이 된 것이다.

감옥에서 산다는 건 정말 사람을 미치게 만드는 일이었다. 매일 출근을 할 때 감사한 마음을 가지고 출근하지만, 막상 일을 시작해서 지내다 보면 힘들고, 짜증나고, 모든 것이 다 싫어지기 시작했다. 정말 부정적인 생각이 큰 것이다. 그렇게 지칠 대로 지쳐서 퇴근하면 내 마음은 너덜해졌고, 온몸의 기를 다 빨리는 기분이었다. 지친 몸을 이끌고 집으로 가는 길은 내가 너무도 서글퍼 보였다. 황금보다 가치가 높은 내 시간을 허비하는 기분이었다.

정처 없이 인생을 허비하는 순간은 없다고 생각한다. 만일 그랬다면 나도 지금 정처 없이 시간과 인생을 허비하면서 살아가고 있을 것이다. 하지만 모든 건 나를 더욱 굳건하고 단단하게 만드는 소중한 자산이다. 이 자산을 어떻게 쓸지는 자신에게 달린 일이다. 당신은 자신의 소중한 자산을 그저 시간만 낭비해서 허망하게 살다가 인생을 마감할 것인가? 아니면 자신의 소중한 자산을 발견해서 빛을 보게 할 것인가? 그건 여러분의 선택이다.

사람은 살면서 중요한 순간에 자신은 생각하지도 못한 결정을 하게 된다. 그 순간을 불안으로 결정하는지 아니면 자신의 더 나은 삶을 위해서 굳건한 믿음으로 선택을 하는지에 따라서 자신의 인생은 결정된다. 지금도 자신의 길은 아니지만, 그냥 남들이 다 이렇게 살아서 사는 사람들도 있을 것이고, 지금 이 일을 그만두면 당장 먹고살 수가 없기때문에 생계를 위해서 일하는 사람들도 있다. 하지만 똑같이 주어진 시간에 자신이 하고 싶은 일을 하면서 즐기는 사람들도 있다. 그들은 마지못해 일하지도 않고, 생계를 위해서 일을 하지도 않는다. 그저 자신의 미래를 위해서 일을 즐기면서 살고 있다.

나는 재직을 하면서 계속해서 갈등을 겪었다. 꾹 참고서 계속 다닐 것인지 아니면 퇴사를 할 것인지 매일 고민을 했다. 솔직히 지금 일을 그만두면 나도 생계가 걸린 일이기 때문에 걱정이 된 건 사실이었다. 하지만 그럼에도 불구하고 계속 고민을 한 것이다. 참으로 이상했다. 나는 지금껏 같은 고민은 해봤지만, 직장에 다니는 방향으로 굳히고 더욱 열심히 하려고 노력을 했다. 그런데 이번만은 아니었다. 정반대였다.

나는 한편으로는 걱정이 들면서 내가 너무 그런 생각을 하니 이렇게 생각을 하나 보다 하고 말았다. 그래서 열심히 하려고 했고, 내일은 어떻게 해야 할지 미리 생각하고 정하고 그날에 있었던 일을 생각하면서, 다음 날에 어떻게 할지 생각을 하고 출근했다. 하지만 내 생각과 다르게 상황은 돌아가는 것이 많았고 여전히 답답함과 숨이 막혀오는 듯한 느낌이 들었다.

지금까지 살면서 느끼지 못한 감정들이었다. 이러다 죽는 건 아닌가 하는 생각도 들 정도였다. 이런 내가 낯설기까지 했다. 살면서 이런 감정이 드는 건 처음이었다.

휴무인 날은 그렇게 편안할 수가 없었다. 잠시 숨통이 트이는 것 같았다. 자유, 해방감을 마음껏 느꼈다. 나는 그저 일에 지쳐서 그런 거라고 생각했고, '출근하면 감사한 마음으로 더욱 열심히 하자.' 이렇게 다짐을 했다. 그저 남들이 다 똑같이 느끼는 감정이라고 치부했다. 하지만 나의 오만이었고 자만이었다. 나는 출근하면 어김없이 나를 비웃기라도 하듯이 매일 같은 느낌으로 하루하루를 고통받았다.

나는 진지하게 생각했다. 재직 중일 때, 그리고 퇴사를 할 때 두 경우를 진지하게 생각했다. 계속 일을 한다고 생각하니 어김없이 평상시에 나오는 감정들이 느껴졌다. 그리고 퇴사한다고 생각하니 숨통이 트이고 시원했다. 그리고 나는 본능적으로 안 것이다. 퇴사를 해야 한다는 것을. 하지만 막상 퇴사를 한다고 생각하니 걱정이 이만저만이 아니었다. 한 달 월급은 적었지만 그래도 어떻게서든 한 달은 버텼다. 하지만 이마저도 없으면 나는 수입이 끊겨져서 궁핍한 생활을 해야 했고, 또 다른 직장을 찾아서 다녀야 했다. 그럼 또 적응을 해야 했고, 월급이 나오기 전까지는 또 생활고를 겪어야 했다. 그래서 나는 고민이 된 것이다.

그렇게 나는 며칠을 계속 고민을 하다 퇴사하기로 결심했다. 그래서 같이 근무하던 간호사 선생님께 퇴사할 때 어떻게 해야 하는지 물어보고 난 후 나는 병원에 제출하는 퇴사 양식을 거침없이 썼다. 그리고 너무 그동안 묵은 것들이 빠져나가는 것 같아 마냥 시원했고 통쾌했다. 심지어 후련했다. 자유를 느낀 것이다. 그리고 병원에 다니면서 왜 그런 기분이 들고 괴로웠는지 알게 되었다. 그건 내가 해야 할 일이 따로 있었기 때문이었다.

나는 일하다 내 감정을 못 이겨 그만두면 내가 잘못 선택한 건 아닌지 하는 걱정에 다음 일거리를 바로 찾곤 했다. 하루도 편안하지가 않았다. 그 이유는 꿈이 없고 목표가 없었기 때문이다. 하루살이 인생으로 살아가니 직장이 전부인 것이다. 하지만 꿈이 있고 자신의 인생을 위해서 발전을 위해서 나아가고자 한다면 불안 대신 기대로 하루를 보내게 된다.

나는 그동안 살면서 나답게 살기보다는 남의 인생을 위해 살았다. 남들도 다 이렇게 산다. 남들도 똑같은 감정을 느끼고 산다. 그렇게 위로하면서 살았다. 실제로도 그런 말을 많이 듣기도 했다. 어쩌면 이런 말들에 나를 세뇌시키고, 당연하게 생각하면서 살았을지도 모른다. 나는 남을 위해 산다는 생각은 해봤지만 이렇게까지 생각해본 적은 없었다. 그저 지인들을 먼저 배려하고 산다고 생각만 했을 뿐이었다.

가끔 성공자들이 남을 위해 사는 삶이 아닌 자신의 삶을 살아야 한다고 조언을 하는 영상을 본 적이 있다. 그들은 하나같이 자신의 삶을 위해서 살고 있고 매일 자신의 성장을 위해서 고민을 하고 노력한다. 그들은 어떻게 그런 일이 가능한 것일까? 이유는 간단하다. 그들은 자신의 꿈을 위해서 하루를 살기 때문이다. 자신이 해야 할 일을 알고 있기 때문에 하루를 오로지 자신을 위해 사용하는 것이다. 남을 위해서 살아갈 것인지, 아니면 나를 위해 살아갈 것인지는 오로지 자신에게 달렸다. 나답게 살아갈 용기를 가진다면 당신의 미래는 이미 성공자의 삶인 것이다.

## 05

## 나는 원하는 것을 이미 얻었다

　나는 이제껏 살면서 가지고 싶은 걸 제대로 가져 보고 살았는지 생각
해보았다. 생각하면 할수록 가진 것보다 가지고 싶다고 생각한 것이 더
많았다. 충격보다는 슬픔이 컸다. 나는 왜 이렇게 가지고 싶은 걸 가지지
못한 채 낙담만 했을까? 정작 나한테 투자도 안 하고 무엇이 두려워서 생
각만 하고 살았던 것일까? 이 생각들이 나를 더욱 슬프게 했다. 그렇다
고 멈춰 있을 순 없었다. 곰곰이 생각을 해보았다. 그리고 해답을 찾을
수 있었고, 간단했다. 나는 가질 수 없다는 믿음이 있었기에, 생각만 하
고 실천을 안 한 것이었다. 그럼 방법이 없을까? 곰곰이 생각을 하다가
찾았다. 정답은 내가 원하는 것을 이미 얻었다고 생각하는 것이었다.

그동안 나는 내가 가지고 싶다거나 필요하다 싶은 것이 있으면 바로 돈부터 확인했다. 그리고 낙담했다. 잔액이 부족하거나 아니면 없었기 때문이다. 한숨이 나오면서 '그래! 다음에 사면 되지!', '아~, 나도 원하는 걸 마음껏 사고 싶다.' 이런 생각을 가졌다. 정말 생각대로 다음으로 매번 미뤄지고, 똑같은 소리를 반복했다. 반복 후에는 내 신세타령과 세상을 원망했다. 이 생각들이 잘못됐다는 걸 알기 전까지는 나는 이런 생각과 행동들이 당연하다고 믿으면서 살았다. 하지만 방법을 알았을 때는 신기하면서 동시에 의심도 들었다. 방법이 있는데 마냥 생각하기보다 실천을 해보자! 마음먹고 실천을 했다.

당시 남자친구와 연락도 못 하고 마냥 기다리던 때었다. 내 마음은 너무 힘들었지만, 잠시 과정이고 더 큰 행복이 온다고 믿고 기다렸다. 분명 사정이 있을 거라고, 이렇게 나를 다독이면서 기다리던 중 우연히 사촌 언니 공방에 갔다. 사촌 언니는 나무로 다양한 수제품을 만들어 판매하고 있었다. 나는 신기해하면서 구경하다 우연히 한 만년필을 보았다.

금액별로 진열되어 있던 만년필을 구경하는데 그때 어느 사업가로부터 언니에게 전화가 왔는데 만년필을 구매하고 싶다는 말을 하는 것이 들렸다. 그 통화가 끝나고 만년필을 조용히 보는데 문득 남자친구에게 만년필을 선물해주고 싶다는 생각을 했다.

그로부터 몇 달 후 나는 우연히 다이소에 펜이 진열된 코너에서 만년 필을 보았다. 순간 시원함이 느껴지면서 생각했다. '나는 만년필을 내가 원하는 날짜에 구매를 할 수 있겠구나!' 생각을 했다. 그리고 한 달 뒤에 남자친구 생일 선물로 만년필을 사기 위해 사촌 언니에게 전화를 해서 날짜와 시간을 말하고 끊은 뒤 새로 만들어지고 내가 한눈에 원하는 만 년필이 있었으면 좋겠다 생각을 하고 약속 날 사촌 언니 공방으로 갔다.

그리고 정말 신기하게 새로 만들고 한눈에 내가 원하던 만년필을 보았 다. 나는 고민도 하지 않고 바로 구매한다고 했다. 언니가 나를 보면서 신기하게 쳐다보았다. 국내에서만 나오는 얼마 없는 희귀한 재료로 만든 것이고 이 금액에서는 한 개밖에 없는데 누가 구매할지 항상 궁금했는데 내가 가져가니 신기하다고 했다. 내가 원하는 대로 만년필을 기쁘게 구 매할 수 있었다.

나는 그동안 갈망한 일들을 곰곰이 생각해보면 원하는 것은 있지만 막 상 현실로 내가 받는다고 생각을 하면 두려움이 앞섰다. 생각을 하면 할 수록 한숨이 나왔다. 하지만 어떡하겠는가? 내가 이러고 살았으니 내 인 생은 당연히 이런 사고방식에서 벗어나지 못했다. 부정하고 싶지만 인정 한다. 그 상황에서는 알지 못했지만 나는 내가 원하는 건 가질 수 있다는 믿음을 본능적으로 알고 있었다.

현재를 살면서 만족하면서 사는 날이 더 많은가? 아니면 불만족한 날이 더 많은가? 나는 만족하며 살지 못했다. 항상 불만인 사람이 하루를 살면서 만족스러울 리 없었다. 항상 부정적으로 살아서 그런지 몰라도 나는 불행하다고 생각했다. 하지만 생각해보면 꼭 불행한 것도 아닌데, 왜 그렇게 불행하다고 입에 달고 살았는지 모르겠다. 지금은 희망을 품고 살고 있다. 내가 원하는 걸 마음만 먹으면 가질 수 있다는 걸 알고 있기 때문이다.

나는 매주 로또 1등을 원해서 구매를 한다. 하지만 구매를 했을 때는 두려움이 먼저 왔다. 긍정적으로 생각을 해도 가슴이 두근거리고 걱정거리들로만 생각이 가득했다. 왜 그렇게 두려워하는지 나조차도 이해가 가질 않았다. 하지만 안으로 들여다보면은 하나둘씩 답이 나왔다. 두려움이 컸다.

혹시라도 당첨이 안 되면 어떡하지? 내 빚을 못 갚으면 어떡하지? 카드값은 어떻게 해결하지? 로또 안 되면 당장 내야 할 카드값, 대출금은 어떻게 마련하지? 나 지금 돈 없는데…. 나 이러다 신용불량자 되면 어떡하지? 매주 이런 생각들이 나를 사로잡아 매번 당첨을 멀어지게 했다. 유독 돈과 관련된 게 심했다. 나는 돈이 없을 때 생기는 일에 대한 두려움을 잘 알고 있어서 트라우마로 가장 크게 남는 부분이기도 했다.

이런 생각들이 나를 괴롭히다가 알게 된 사실을 발견했다. 믿음이 부족했다는 것이다. 이 깨달음을 얻은 건 아주 사소한 생각에서였다. 우리 엄마는 무릎이 안 좋으시다. 매번 무릎이 아파서 "이놈의 무릎은 언제 나을려고 하는지 힘들다."라고 자주 말씀하시는데, 나는 그때마다 "엄마! 그럴수록 나는 건강하다! 나는 자유롭게 걷고 다닌다! 이래야지, 그래야 건강해지지!" 여기서 깨달았다. 내가 고민한 것들이 같은 원리라는 것을. 건강이 안 좋으면 오히려 반대로 건강해진다고 말하는 믿음이 있듯이 돈 역시 그랬다. 복권도 마찬가지였다. 현실은 당첨이 안 되어도 '로또 1등 당첨됐다. 나는 당첨되서 당첨금을 받았다. 덕분에 나 해결했다.', '카드 값, 대출금 다 갚았다.' 생각하면서 믿으면 되는 것이었다.

불안에 생각만 하다가 결국 내가 받을 것도 못 받고 시간만 보낸 것이었다. 실제 1등 당첨자들의 후기를 보면 공통점이 있다. 반드시 나는 된다는 믿음과 긍정적인 생각을 가진 것이었다. 나는 이제는 그 믿음을 믿고 계속 구매한다. 나 역시 "나는 반드시 된다! 로또 1등 당첨됐다. 나는 이번 주에 1등 당첨됐다!" 외친다. 그리고 마침내 나는 로또 1등에 당첨되었다.

당신은 지금 살고 있는 모습이 메뚜기로 보이는가? 나는 원하는 것이 있으면 바로 포기부터 했다. 가지려고 노력을 하다가도 힘들면 포기하고 말았다. 제자리의 삶을 원하는가?

현재라는 사회는 상위층 안에 들지 않으면 우리는 한없이 작고 약한 존재로 보인다. 나는 『150억 부자의 부의 추월차선』이라는 책을 보고 알았다. 우리가 원하는 것을 가지지 못하는 이유는 한없이 작은 메뚜기의 시선으로 보기 때문이라 것을.

"스스로를 메뚜기라고 여기는 사람들이 많다. 의식 속에서 메뚜기라고 규정하면 정말 메뚜기의 인생을 살게 된다. 메뚜기 이상의 삶을 살지 못한다."

－『150억 부자의 부의 추월차선』 중에서

이 구절을 읽었을 때 신선함과 충격이었다. 메뚜기라니…, 하지만 생각해보면 맞았다. 현재 구성되어 있는 사회가 포식자고 우리는 한없이 약한 메뚜기 같은 존재이다. 메뚜기라고 단정 지으니 우리는 자연스럽게 원하는 것도 얻지 못하는 게 많은 것이다. 우리는 마냥 메뚜기에서 지내면 안 된다.

우리는 거인이기 때문이다. 우리 안에는 거인이 존재한다. 메뚜기의 삶이 아닌 거인의 삶을 선택하면 우리는 원하는 것을 다 얻을 수 있다.

우리 안에 숨겨진 무한한 힘이 많기 때문이다. 우리 안에 있는 의식을 깨워야 한다. 자기계발서에서는 내 안의 의식을 거인이라는 표현을 한다. 이제부터는 부정적인 생각을 그만 버려야 한다. 긍정적인 생각으로 내가 원하는 것을 가졌다는 굳건한 믿음이 있어야 한다. 그래야만 진정으로 원하는 걸 얻을 수 있다.

『150억 부자의 부의 추월차선』 중에서 김도사는 말한다.

"당신이 어떤 것을 인식하든지 간에 인식한 것 모두는 자연스레 현실 세계에 나타나게 된다. 당신이 생각한 것을 그대로 받게 된다는 것이다. 그러니 아무리 현실이 힘들고 고통스럽더라도 작고 약한 것을 인식하기보다 크고 위대한 것을 인식해야 한다. 작게 생각하기보다 크게 생각하면 모든 일은 술술 풀리게 된다."

# 비를 견디면 무지개를 만날 수 있다

굳은 폭우가 내리고, 태풍이 불면 세상은 온통 무서움과 두려움이지만, 다 지나간 다음에는 너무나도 맑은 하늘과 상쾌해진 공기를 느낄 수 있다. 사람 또한 이와 마찬가지다. 생각과 감정을 어떻게 하느냐에 따라서 폭우, 태풍이 될 수도 있고, 맑은 하늘이 될 수도 있다.

사람은 인생을 살면서 마냥 행복할 수만은 없다. 시련도 있고, 위기도 있고, 다양한 굴곡이 그려진다. 하지만, 여기서 어떻게 대처하느냐에 따라서 인생의 교훈이 될지 크나큰 아픔만 가져다줄지 결정된다. 전적으로 본인에게 달렸다.

책을 읽으면서 항상 무언가가 부족함을 느꼈다. 바로 깨달음이었다. 책을 보면서 실천하면서 서서히 변화는 했지만, 크게 달라진 것도 없고, 내 안의 무언가가 있는데 표출이 안 되는 것이 답답했을 때였다. 나에게 심적으로 큰 변화가 일어나는 과정이었을까? 딱 그 시점에 나의 멘토님을 만났고, 그때부터 그분의 피드백을 받으면서 서서히 인생의 퍼즐이 맞춰지듯이 변화가 시작된 것이다.

나는 나의 멘토님이신 김도사님을 통해서 내 안의 아버지 하느님이 계신다는 걸 알게 되었다. 시간이 지나 계속되는 깨달음에 그분이 서서히 나를 인도하신다는 걸 알게 되었다. 그 분을 느낄 때마다 너무나도 차갑다 못 해 기분 좋은 시원한 느낌이 내 가슴 안에 퍼지는 걸 느낄 수 있었다. 만일 김도사님을 만나지 못했다면, 나는 지금도 내 안의 하느님이 계신다는 걸 알지 못했을 것이다. 그리고 나의 의식은 서서히 변화를 이루었다. 그리고 하나씩 내가 이루고자 하는 것들을 생각해보았다. 그러다 잊고 있었던 기억이 떠올랐다. 내가 처음으로 벤츠를 원했을 때의 기억이 떠오른 것이다.

나는 처음으로 오빠가 차 사고가 나서 임시로 모든 벤츠 신형을 타 보았다. 그때 내가 느낀 감정은 아직도 잊을 수가 없다. 고급 시트에 속도감을 못 느끼는 조용함, 자동으로 조절되는 의자 안에 고급스러운 내부.

정말 내가 이 차를 몰고 있는 느낌이었다. 그때 조용히 생각했다. 나는 최신형 고급스러운 몇 대 없는 벤츠를 가질 거라고. 그렇게 내 무의식에 입력했다. 그리고 시간이 지나 놀라운 일이 생긴 것이다. 그건 바로 내가 중고차를 가지게 된 것이다. 내가 사거나 직접 모는 건 아니었다. 잠시 다른 누군가의 사정 때문에 내 명의로 자동차를 가지게 된 것이다. 현실은 비록 내가 차를 몰 수 있는 건 아니었지만, 벤츠를 가진다는 의식이 작동해서 잠사나마 내 명의로 차를 가질 수 있었다. 차를 가질 자격이 주어진 것이다. 그리고 어느 순간부터 유난히 여러 종류의 벤츠를 계속 보았다. 흰색, 검은색, 푸른색, 회색 등등 차를 보면서 계속 내가 가졌다고 생각했다. 그리고 기분이 좋아졌다. 다 이뤄진 기분이었다.

어쩌면 이 글의 독자 중에 이런 생각을 하는 사람이 있을 거다. '그래서? 이게 이유가 돼?' 나는 이해한다. 내 눈에 보이는 현실만 믿는다면은 당연한 반응이다. 나도 처음에는 그렇게 생각을 했으니 말이다. 지금 비록 현실은 벤츠를 가지지 않았지만, 무의식에 시각화한 걸 알고 있다. 나는 현재 내가 가질 수 없는 것들이 곧 내게로 온다는 강한 믿음이 있다. 실제로 작게도 크게도 이룬 것들이 있었다. 내가 만일 현실에 타협했다면 절대로 이뤄지지 않는 것들이다. 오히려 멀어지는 것들이다. 나는 막히는 순간들이 오면 항상 긍정적으로 생각을 하려고 했다. 그것은 이 험난한 시간을 버티는 수단이 되고, 나를 단단하게 만들었다. 오히려 현실은 그저 과거의 내 생각들로 사는 시간이라고 생각했다.

　자신이 끊임없이 원해서 실천을 했을 때, 기분이 불안하거나, 기분이 좋았던 순간들이 있는지 생각을 해본 적이 있는가? 나는 내가 일확천금의 기적을 바라면서 꾸준히 실천한 것이 있었다. 그건 바로 로또 1등 당첨이었다. 하지만 지금 돌이켜서 생각을 해보면 기분이 좋았다기보다, 구매 후부터 당첨되기까지 긴장의 연속이었다. 가슴이 두근거리고, 오만 생각과 안 될 때의 두려움, 당첨이 안 됐다는 실망과 동시에 안도감, 그것이 나의 감정이었다. 나는 지난날의 기억이 떠오르면 지금도 가슴이 답답하고 씁쓸해진다. 그때 믿음이 굳건했다면, 좀 더 긍정적으로 다가갔다면 즐겼다면 똑같은 결과라도 받아들이는 것이 달라졌을 텐데. 그러면서 내가 즐거운 기분으로 구매를 해본 적이 있었는지 생각해보았다.

　근무가 끝난 목요일은 유난히도 기분 좋은 날이었다. 집에 오면서 문득 걸어가는 중에 눈을 감았다. 그리고 생각했다. 로또 31억 원을 받는 기분을 그리고 조금만 더 생각하면서 32억 원을 느꼈다. 그때 느껴지는 시원함은 잊을 수가 없다. 가슴 안쪽에서 느껴지는 시원함을 한 번 느끼면 계속 그 느낌을 느끼고 싶어졌다. 그렇게 집에 도착해서 동기 부여하고 웃고, 강아지랑 놀아주고 문득 '아! 오늘은 로또를 사야지.' 하는데 또다시 가슴안에서 큰 차가움을 느꼈다. 너무도 기분이 좋았다. 오늘 실천하라는 신호였다.

나는 집에 도착해 시간이 지난 뒤에 샤워하고 머리를 말리고 곧장 로
또 사러 나왔다. 나는 돈을 찾기 위해 은행으로 가던 중 항상 갈 때마다
문이 닫혀 있던 복권방은 오늘은 문이 열려 있었다. 나는 얼씨구나 좋구
나! 생각하면서 곧장 현금 CD기로 가서 기분 좋게 2만 원을 출금하고 복
권방으로 향했다. 안으로 들어가서 복권을 구매하는 중 현장에서 뽑는
최고의 금액이 진열된 복권을 보게 되었다.

처음에는 꼭 그중 제일 적은 금액만 받는가 싶어서 눈을 돌리다가 20
억 원이 눈에 들어왔고 그다음에는 5억 원, 2억 원 차례대로 눈이 갔다.
총 27억 원, 여태껏 보지 못한 금액이 내 눈에 들어왔다. 나는 나오자마
자 "감사합니다. 아버지!"라고 말했다. 제가 받을 금액을 알려주셔서 감
사합니다. 나는 그렇게 나의 아버지께 감사함을 느꼈다. 그리고 하나둘
씩 생각이 났다. 유독 벤츠가 눈에 보인 것도, 32억 원 당첨된 용지를 본
것도 당첨되어 기쁜 마음을 담은 감사한 기분으로 도사님께 연신 "감사
합니다."를 외친 것도 다 나의 아버지께서 전해주신 메시지인 걸 알았다.

오늘은 좋은 예감이 들었다. 동기 부여하고 필사하고 책을 읽고 자는
나의 모습이 생각이 났다. 기분 좋은 하루의 마무리였다.

그리고 다음 주 금요일에 나는 어김없이 퇴근 후에 집에서 쉬다가 다시 로또를 구매하러 갔다. 이날은 참 이상하면서 신기한 일이었다. 유난히 내 안의 무의식을 믿은 것이었다. 계속 같은 번호로 틀리는 것이었다. 그러다 나도 모르게 생각을 했다. '아~, 내가 로또 1등이 이런 식으로 당첨이 되는구나!' 하는 생각이 들었다. 그리고 그 번호를 다른 용지에 옮겨 적은 후에야 비로소 나한테 온 번호를 찍을 수 있었다. 그리고 난 후 로또를 구매하기 위해 복권방으로 향했다. 그런데 내가 구매하려는 금액이 확 줄어든 것이었다. 내가 당황을 하자 아저씨께서 용지를 보여주셨다. 용지 하나가 빠진 것이었다.

나는 순간 의식의 뜻인가? 생각이 들었다. 로또를 구매하고 빠진 용지의 번호를 찍기 위해서 용지를 꺼내고 펜을 들었다. 이상했다. 집중이 되지 않고, 답답함에 숨을 쉬기가 힘들어졌다. 나는 의식이 안 된다는 신호를 보내는 것 같아서 포기하고 복권 가게에서 나왔다. 잠시 마트서 우유를 사기 위해서 길을 걷는데 서서히 편안해짐을 느꼈다. 그리고 그날 자기계발서를 보다가 한 문구가 눈에 들어왔다. "그대의 뜻은 이루어지리라." 그리고 나는 한동안 그 문구만 계속 쳐다보고 있었다.

나는 같은 상황이라도 어떻게 받아들이는지에 따라 마음가짐이 달라진다는 걸 알 수가 있었다. 실제로 당첨이 됐든 안 됐든 그건 중요한 것이 아니었다. 내가 어떤 마음으로 생활을 이어갈 때 행복해지는지, 아니면 불안으로 사는지, 가장 불안해했던 상황을 생각해보면 알 수가 있었다. 자신의 불안 요소를 바라보고 왜 불안해하는지 알 수만 있다면 사람이 살아가는 데 있어서 적어도 그것 때문에 하루 종일 붙잡고 살지 않을 수 있다.

　사람이 인생을 살아가는 시간을 불안으로만 산다고 생각해보라. 엄청 끔찍하다. 그리고 사양한다. 힘든 일이 있으면 좋은 일도 있는 법, 불가능하다고 생각한 것을 가능하다고 생각을 한다면 실제로 이루어진 경우도 많다. 비를 견디면 무지개를 만날 수가 있듯이 똑같은 일상이라도 내가 받아들이는 마음에 따라서 행운이 올 수도 불행이 올 수도 있다. 당신은 힘들거나 불안한 상황이 있다면 받아들이고 긍정적으로 생각을 하라. 그러면 인생에 무지갯빛이 찾아오게 된다.

# 모든 것은 이미 우리 안에 있다

나는 지금까지 '원하는 것이 있어도 가질 수 없다.'라고 생각하고 살았다. 이유는 '내가 가질 수 없다.'라는 생각으로 살았기 때문이다. 실제로 가진 것보다 가지지 못한 것이 더 많았다. 현실이라는 삶에서 부정적인 생각과 현재 보이는 내 삶이 진짜라고 믿었기 때문이다. 왜 이런 생각을 하면서 살았을까? 문득 의문이 들기도 했다. 그건 아마도 내가 현재라는 좁은 시야에서 시간을 낭비한 이유이기도 하다.

나는 지금껏 살아오면서 가지지 못한다는 고정관념에 사로잡혀 살아서였을까? 누군가가 잘살고, 원하는 것을 마음껏 사며 즐기는 모습을 보면 그냥 '저 사람의 인생이구나!'라는 생각을 하고 살았다. '어차피 나는 안 되는데 뭐~!' 내 안의 무의식에 이렇게 사로잡혀 있었다. 그랬던 내가 잠재된 내 욕망을 알게 된 것은 우연한 사진 한 장으로 인해서였다.

성공한 삶을 즐기는 젊은 여자의 사진. 자신이 원하는 포르쉐 차량을 찍은 사진이었다. 그 사진에서 젊은 여자는 누구보다 밝게 웃고 있었다. 그때 나는 지옥 같은 전쟁을 치른 직장에서 벗어난 후에 집에 가기 위해서 지친 몸으로 전철에 앉아서 가고 있을 때였다. 오후에 퇴근하고 집에 가는 시간이라 사람은 꽤 있었다. 사진을 보면서 나는 아무것도 느끼지 못한 채 그저 조용히 눈물이 나려고 했다. 사람들이 많은 터라 나는 마음 놓고 울지를 못했다. 이상했다. 왜 나는 지금 울고 있을까? 그 당시에는 눈물의 의미를 알 수가 없었다.

그 후로 3일이 지나고 난 후에야 비로소 알게 되었다. 그때의 나의 상황과 정반대의 삶이었기 때문이다. 처량함, 구속된 시간, 가난, 나를 더욱 초라하게 만든 것이다. 나는 그 눈물로 알게 되었다. 나는 결코 욕망이 없던 것이 아니라는 것을…. 나도 성공자의 삶을 살아야 한다는 것을. 그 일을 시작으로 나는 진정 내가 무엇을 원하는지를 서서히 알게 되었다.

지금껏 살아오면서 내 안에 잠재된 욕망이 나온다는 것에 놀람과 동시에 나를 한 걸음 더 성장하게 만드는 원동력이 된다는 걸 실감한다. 필사하는 도중에도, 책을 읽는 도중에도 자꾸 문득 드는 생각이 나를 행동하게 만드는 것이었다. 그중의 하나가 명품이 진열된 백화점으로 가서 가방을 보는 것이었다. 책에서 "생각하면 바로 실천을 하라."라는 구절을 자주 보았다. 이때 실천을 해야 하는 순간임을 나는 알았던 것이다.

　실천을 해야 한다는 것을 하지만 나는 미루기를 반복했다. 그렇게 2주라는 시간이 지났다. 꼭 숙제를 안 한 것처럼 찜찜한 기분이 들었다. 하지만 나는 이게 내 무의식에서 나오는 생각이라는 것을 인지를 못 했다. 그저 허영심이 들게 하려는 생각으로만 생각했다. 그런데 기분이 이상했다. 꼭 실천해야만 할 것 같았다. 그래서 나의 의식에 맡기고 실천하기로 마음먹었다. 휴무가 잡힌 날 미용실 가서 뿌리 염색을 하고 기분전환을 했다. 그리고 곧장 백화점으로 달려갔다. 오랜만에 가는 백화점이라 기분이 묘했다. 새로 단장한 백화점은 낯설기만 했다. 예전의 내가 알던 모습은 사라진 지 오래였다. 꼭 기존 틀에 박혀서 살았던 내 인생을 보는 듯했다.

　나는 명품관을 찾기 시작했다. 계속 돌면서 겁도 났다. 내가 과연 가방을 제대로 볼 수 있을까? 가방을 만져보기는 할까? 걱정이 들었지만 그래도 용기를 내서 찾아다녔다. 그런데 이상하게 명품관을 찾아볼 수 없었다. 안내데스크에 물어보니 명품관은 없어지고 대신 명품만 진열한 곳이 있다고 했다. 정보를 알아내고 진열된 명품 매장으로 향했다. 막상 도착하니 겁이 나는 원래의 나로 다시 돌아왔다. 그냥 눈으로만 보고 있던 와중에 직원이 나에게 다가왔다.

"찾으시는 물건 있으세요?" 나는 한눈에 마음에 드는 물건을 찾는다고 말했다. 그렇게 구경하다 용기 내서 "이 가방 내부 좀 볼 수 있을까요?" 라고 말했다. 직원은 고래를 갸우뚱하면서 보여줬다. 나는 용기를 내어서 내부를 꼼꼼히 봤다. 한번 가방을 메보라는 권유에 가방을 메고 거울을 보며 내 모습을 계속 쳐다보았다. 꼭 내 가방이 되는 것 같았다. 맘에 드는 물건을 계속 보고 만져보는 도중에 문득 직원이 나에게 말했다.

"보통은 가방의 디자인을 보고 구매하는데 가방 안을 보여달라는 고객 님은 처음이세요."

나는 그 질문에 당당하게 말했다.

"디자인만 보고 사서 막상 가방을 사용하면 내용물을 넣는데 불편한 게 많았어요."

"당연히 디자인은 봐야 하죠, 하지만 그 뒤로는 가방 안도 같이 보게 되었어요."

그 직원은 표정이 밝아지면서 더욱 적극적으로 나에게 말을 걸어왔다. 나는 그때 이 가방의 주인이라는 생각을 했기 때문에 당당할 수 있었다.

당신은 진정으로 원하는 대로 사는 삶을 상상을 해본 적이 있는가?' 과연 우리가 살고 있는 이 시간에 자신이 원하는 일을 하면서 사는 사람이 몇이나 있을까?' 생각한다. 나는 내가 원하는 사는 삶이 아닌 그 반대의 삶을 살아가고 있었다. 매일 같은 시간을 보내면서 분명 내가 원하는 삶은 아니라는 생각으로 살았다. 나는 살아가고 있는 현실에 대한 불만만 가득할 때였다. 그러다 문득 내가 불만이 가득한 채 생활한다는 것을 알았다. 어떻게 하면 이 생활에서 벗어날까 생각할 때였다. 그러다 알게 되었다. 원하는 것이 있으면 그걸 가졌다고 생각하라는 것이었다. 이게 가능하다고? 의심과 동시에 나는 실천하기로 마음먹은 것이었다.

나는 긍정적으로 다가가면서 원했던 일이 있었다. 그건 바로 강연이었다. 잡생각이 나를 사로잡아도 순간적으로 내가 누군가에게 말하는 한 구절을 듣고는 했다. 처음에는 망상 같았다. 잡생각이 나니 별의별 생각을 다 하는구나! 이렇게 생각을 했다.

하지만 시간이 지날수록 망상이 아닌 내가 원하는 일이란 걸 알게 되었다. 나도 모르는 사이에 강연하는 사람들을 보면 부러움과 동시에 나도 저런 사람이 되고 싶다는 생각을 했기 때문이다. 하지만 현실은 강연할 수 있는 것이 하나도 없었다. 스펙도 없고, 부자도 아니고, 특출난 재능이 있는 것도 아니고, 내가 할 수 있는 것은 없었다. 이때는 절망도 했다. 내가 하고 싶어도 할 수 없다는 현실이 너무도 원망스러워지는 순간이기도 했다. 하지만 그렇다고 멈출 수는 없었다. 나처럼 분명 힘든 사람들이 있을 것이다.

나는 그 사람들에게 희망과 용기를 줄 수 있는 사람이 될 수 있다고 생각하면서 희망을 가지고 지냈다. 그러다 '원하는 것이 있으면 그걸 가진 것처럼 살아라.'는 말이 생각났다. 그래서 나는 이뤄졌다고 믿기 시작했다. 이 생각을 시작으로 사람들에게 강연하면서 동기 부여하는 모습을 찍은 영상을 계속 보게 되었다. 내 안의 무의식은 내가 이뤘다고 선포하기 전에 이미 움직이기 시작했기 때문이다.

이 글을 읽는 독자들은 이 생각을 할지도 모른다.

"이 사람 지금 제정신인가?"
"지금 아무것도 하는 것이 없는데 무슨 정신 나간 소리를 하는 거야!"

맞다! 현재 내가 하는 말을 보면 정신 나간 여자가 하는 소리로 들릴지도 모른다. 현재 지금 일어난 것은 없으니 당연한 생각을 하는 것이다. 하지만 여기서 중요한 것이 있다. 그건 바로 나는 이 순간도 이뤄졌다고 선포했다는 것이다.

나는 그동안 크고 작게 이뤄졌던 것들을 하나씩 생각을 해보았다. 하나같이 공통점이 있었다. 그건 바로 '가졌다.'라는 생각했을 때였다. '가질 수 없다'와 '가질 수 있다'의 차이는 단어 한 끗 차이지만 생각을 했을 때 엄청난 차이가 있는 것이다. 가질 수 없는 건 영원히 가질 수 없다. 하지면 반대로 가질 수 있는 건 계속해서 영원히 가질 수 있다. 이와 마찬가지로 원하는 것은 내 안에 있다고 생각한다. 이미 내 안에 있다고 느끼니 생각을 하게 되고 움직이는 것이다.

사람들은 간절히 원하면 이루어진다는 말을 많이 한다. 그 이유는 무엇일까? 간절히 빌기만 해서 그런 것일까? 내 생각은 절대 그렇지 않다. 내 안에 원하는 것이 있다고 믿기에 간절함이 생기는 거다. 그리고 간절히 원하기에 움직이는 것이다. 나는 그동안 내가 알지 못하는 곳에서도 이미 모든 것이 존재한다고 믿는다. 왜냐고? 모든 것은 이미 우리 안에 있기 때문이다.

08

# 기적은 기적처럼 오지 않는다

　나는 기적은 하늘에서 뚝 떨어져 내려오는 줄 알았다. 하지만 내 생각
대로 기적은 오지 않았다. 그저 소설이나 동화에서 나오는 이야기 같았
다. 하지만 시간이 지나면서 서서히 알게 되었다. 기적은 하늘에서 뚝 떨
어져 내려오는 게 아니라 노력을 계속해야 한다는 것을. 노력해야 비로
소 내가 원하는 결과가 오고 그것이 기적이라는 것을 뒤늦게 알게 되었
다. 나는 평상시에 노력하지 않았기에 기적은 오지 않는다고 여길 뿐이
었다. 그리고 생각을 해보았다. 나에게도 기적이 온 순간이 있었는지를.
나는 내 일생에서 큰 노력을 들여서 결과로 이루어진 것이 과연 몇이나
있을까 생각을 해보았다. 하지만 아무리 생각을 해봐도 생각이 나지 않

앉을 때였다. 그러다 문득 생각이 났다.

나는 춤을 추는 것을 굉장히 좋아했지만 몸치였다. 몸은 막대기처럼 뻣뻣한 자세로 춤을 췄다. 그래서 춤을 잘 추는 사람들이 부러웠다. 내 친한 친구가 정말 춤을 간지나게 잘 추는데 그 친구가 부러워 따라 추기도 했다. 항상 상상에서는 춤을 추는데 나는 정말 춤을 잘 추는 여자였다. 하지만 현실은 정반대이니 맨정신에 춤을 추는 건 힘들었다. 뻣뻣한 춤사위로 추는 나 자신이 초라해 보였기 때문이다. 그래서 술을 많이 먹고 클럽에서 춤을 추기도 했다. 그때는 술기운에 자신감이 붙었기 때문에 남들 신경 안 쓰고 춤을 추었다.

그랬던 내가 22살 때였다. 나는 그 당시에 구민회관에서 에어로빅과 태보를 재미있게 배울 때였다. 그때 친하게 지낸 강사 선생님과 이야기 중에 태보를 배우고 싶어서 물어보았다. 선생님은 태보는 너무 힘드니 다른 걸 해보는 건 어떻겠냐고 말씀하시는 것이었다. 그리고 나에게 추천해준 것이 벨리댄스였다. 여성스러운 춤이니 나에게 잘 어울릴 것 같다고 말씀하셨다. 그 말을 듣고 난 후에 나는 바로 벨리댄스에 대해 알아보았다. 너무도 춤사위가 예뻤다. 바로 나는 수업을 알아보았다. 벨리댄스를 알아보는 과정에서 거리가 너무 멀고 수강비가 만만치 않았다. 그 당시에 나는 많이 버는 것도 아니고 빚이 있는 상태여서 한숨만 나왔다.

하지만 길이 있다고 생각했고 계속 알아보던 중 한 곳을 알아보게 되었다.

당시에 경희대학교 학점 운영제에서 벨리댄스 수업이 있었다. 일주일에 한 번이지만 대학교처럼 1학기를 들을 수 있는 시간이었고, 이게 최선의 방법이라고 생각했다. 나는 입학 날짜와 등록금을 내는 방법을 알아봤고 등록을 했다. 나는 정말 부푼 꿈을 가지고 수업 날만 기다렸다. 드디어 첫 수업이 시작됐고 나는 설레었다. 나의 설렘과는 다르게 현실은 참혹했다. 생각보다 춤이 어려운 것이었다. 나는 엄청난 몸치여서 그 수업을 따라갈 수가 없었다. 하지만 그래도 포기하기는 싫어서 이 악물고 했지만, 내 몸은 나아질 기미가 보이지 않았다. 그렇게 다니다가 중도에 수업을 듣지 않았다.

그렇게 시간이 흘러 23살에 다시 벨리댄스에 도전하기로 마음먹었다. 미술 다음으로 반한 춤이었고 꼭 이루고 싶었던 것이다. 강사가 되고 싶었다. 그리고 다행히 수업이 있었기에 다시 등록했다. 그리고 나와의 싸움이 시작된 것이다. 다시 굳은 결심을 하고서 수업에 임할 때 선생님은 바뀌어서 다른 분이 가르치고 계셨다. 나는 그분께 강사를 하고 싶다고 말했고, 그분은 나에게 용기를 주었다. 나는 용기를 내서 계속해서 도전했다. 몸은 여전히 뻣뻣했고 유연하게 잘 추는 수강생들이 부러웠다. 포기할까 생각도 했지만 그럴수록 더욱 이를 악물고서 춤을 계속해서 연습했다. 나의 노력이 통했을까? 나는 서서히 자세가 나오기 시작한 것이다. 나는 그렇게 3년을 아르바이트하면서 연습에 임했다. 그리고 1년 뒤에는 본격적으로 강사 시험 3급을 준비했고, 마침내 강사 자격증을 취득할 수 있었다.

사람이 살다가 급격하게 변하는 순간이 오면 모든 게 달라져서 우울하거나 아니면 기쁨에 살게 된다. 좋은 쪽으로 변하거나 아니면 나쁜 쪽으로 변하기 마련이다. 어떻게 달라지냐에 따라서 생활은 물론 생각까지 달라진다. 나는 갑자기 나쁜 쪽으로 치우쳐져서 부정적인 생각에 치우치면서 살고 있었다. 그러던 내가 정말 큰 결심을 하던 때가 있었다. 그건 바로 다이어트였다. 내 인생을 통틀어 가장 힘들고 지독한 다이어트가 시작된 것이다.

나는 살이 쪄도 많이 찌는 편이 아니었다. 먹는 거에 비해 살은 덜 찌는 편이었고, 살이 아무리 많이 쪄도 거기서 거기였다. 솔직히 살이 쪄도 조금 굶거나 유산소 운동을 하면 살이 금방 빠지곤 했다. 그랬던 내가 29살 때부터 어느 순간 살이 많이 찌기 시작했다. 나는 대수롭지 않게 여겼다. 어차피 쪄도 그렇게 찌지 않을 거라고 자신했다. 하지만 내 예상과는 다르게 살은 점점 불어났고, 내가 심상치 않다는 걸 느꼈을 때는 이미 걷잡을 수 없이 많이 불어나 있는 상태였다. 나는 심각성을 느끼고 다이어트를 시작했고, 금방 빠질 거라고 생각했지만 살은 빠질 생각을 하지 않았다.

나는 당황했다. 왜 빠지지 않는 것인지 이해가 가질 않았다. 그동안 이렇게 하면 잘도 빠지던 살들이 왜 안 빠지는 것인지 그때 문득 어머니의 말씀이 생각났다. "나잇살이 생기기 전에 지금부터 관리해야 한다. 지금 관리 안 하고 나이 먹고 관리하려고 하면 살은 더 안 빠진다." 나는 그때 그 말이 떠오르면서 지금인 것 같았다. 헬스장을 가려고 했지만, 용기가 나질 않았다. 그렇게 내버려두었더니 나는 점점 살이 쪘고 내 인생을 통틀어서 가장 많이 찌게 된 것이다.

나는 사람들을 만나는 게 두려웠다. 다 나를 보고서 손가락질할 것 같았다. 다 나를 보고 비웃을 것 같았다. 내 옷들은 안 맞는 건 기본이고 제일 컸던 옷마저 작았다. 츄리닝에 큰 박스티를 입고 다녔다. 옷도 보질 않았고 그저 방안에서 가만히 있는 것이 나의 유일한 낙이었다. 한번은 오랜만에 친구가 전주에서 와서 용기를 내서 만나러 갔다. 그런데 내 친구가 "나는 애 셋 낳아서 배가 이렇다고 쳐도 너는 결혼도 안 한 처녀가 배가 벌써부터 이렇게 나왔냐?"라고 했다. 그 말이 너무나도 큰 상처였다. 나는 더욱 세상과 멀어지는 것이었다.

그러다 허리 근육통이 오면서 계속 고생을 하다가 결심을 했다. 살을 빼겠다고 허리 근육통도 결국 운동 부족이고 내 뱃살의 무게에 못 이겨서 생긴 것이니 꼭 빼겠다고 마음을 먹었다. 그리고 지옥의 다이어트가 시작된 것이다. 나는 살을 빼기 위해서 헬스를 생각했지만 당장 가기는 창피했다. 그래서 몸무게를 조금 줄이고 가고 싶었다. 그래서 식단을 조절하고 유산소 운동을 하면서 살을 뺐다. 확 빠진 건 아니었지만 어느 정도 줄었기에 헬스장에 가서 등록하고, 인바디를 측정했다. 수치는 지방 과다에 근육 부족으로 유산소 운동이 아닌 근력운동 위주로 하라고 했다. 뱃살 때문에 유산소 운동은 해야겠다고 말을 하니 그럼 15분만 하라고 했다. 본격적으로 운동이 시작된 것이다.

살은 빨리 빼는 것보다 천천히 빼는 것이 좋다는 소리를 들었다. 그래서 나는 목표를 한 달에 1kg씩 천천히 빼기로 마음을 먹은 것이다. 그렇게 살과의 전쟁이 본격적으로 시작된 것이다. 유산소 운동 40분, 나머지는 근력운동을 했다. 근육이 없던 나는 조금만 기구 무게를 늘리면 들지 못했다. 그 정도로 저질 체력인 것이다. 그래도 매일 3시간에서 4시간씩 운동을 했다. 그렇게 이를 악물고 운동을 했다.

처음에는 별로 달라진 것은 없지만 탄력 있는 날씬한 몸을 생각하면서 운동을 했다. 그렇게 매일 헬스장에서 살다 보니 어느새 운동이 재미있어졌다. 어느새 일상이 되었고, 서서히 몸에 변화가 일어난 것이다. 그리고 마침내 내가 원한 날씬한 몸으로 성공한 것이다.

나는 세상에는 노력 없이는 이룰 수 있는 건 없다고 생각한다. 다 각자의 노력으로 이룬 성과이고 얻어지는 것이기 때문이다. 사람들은 자신이 아닌 다른 사람들이 무언가에 성공하면 대부분 쉽게 얻어지거나 특별하다고만 생각한다. 하지만 그 사람들은 목표를 이루기 위해 지독히도 노력했기 때문에 끝내 이룰 수 있었던 것이다. 목표가 없었다면 노력도, 독함도 다 무용지물이 되고 만다.

성공한 사람들이 이룬 성과들을 보면 다 그저 신기하고 특별하다고만 생각을 한다. 나 역시 과거에는 남들과 똑같이 생각했다. 하지만 책을 읽고 긍정으로 바뀌려고 노력하다 보니 서서히 알게 되었다. 성공자들은 다 자기만의 목표를 가지고 현실과 절대 타협하지 않고, 반드시 성공한다고 믿었다. 그렇게 더욱 감사한 마음과 긍정적인 생각들로 어려움을 극복하고 이뤄낸 결과라는 것을. 기적은 기적처럼 오지 않는다. 자신이 바라고 이루고자 하는 목적을 향해 달리고 노력해야만 자신이 모르는 사이에 기적은 곁으로 찾아온다.

에필로그

나는 책을 쓰던 당시에도, 책을 쓴 후에도 여전히 경제적으로 힘들었고, 내가 두려워하던 모든 것들이 현실로 다 다시 나타났다. 하지만 예전과 다른 점은 전에는 무서워서 회피만 했다면 지금은 내 상황을 직시하고 인정했다. 그리고 내가 할 수 있는 것들을 찾기 시작했다. 꽁꽁 숨겨왔던 내 퇴사도 결국 가족들이 알게 되었고, 연체로 내가 감당이 안 되는 지경에 이른 것까지 가족들은 전부 알게 되었다. 나는 엄청 혼이 났고, 잔소리도 엄청나게 들었다. 하지만 이상하게도 기분이 나쁘다거나 짜증이 나지 않았다. 오히려 그 모든 것들이 감사할 뿐이었다.

나는 점점 성장하고 있었다. 지금 이 순간도 나는 성장하고 있다. 이 일을 겪게 되면서 더욱 책에 매달렸고 책에 몰두했다. 책에서 교훈도 얻고 또 다른 인생의 교육을 받은 셈이었다. 힘이 들어 가만히 있기도 여러 번 했지만 나는 부정적인 생각으로 하루를 보내지 않게 되었다. 나는 부정적인 생각과 불안, 공포 이 모든 것이 나를 휘감으려고 하면 더욱더 긍정적으로 생각하고 나의 아버지를 믿었다. 그러자 서서히 믿음이 자리잡게 되었다.

나는 이제 모든 것에 감사하기 시작했다. 그리고 축복도 하게 되었다. 계속해서 감사와 축복을 보냈다. 나의 현재 모든 것에게 사랑과 축복을 보냈다. 지금 비록 내가 힘들지언정 결국에는 이 모든 것들이 내가 행복으로 가기 위한 또 하나의 과정인 것을 알았다. 그리고 현재 나를 괴롭히고 불안하게 하는 요소들에 희망이 보이고 빛이 보이기 시작했다.

내 걱정에 어떻게 해서든 도움을 주려고 노력하고 조언을 해준 친오빠에게 너무 감사했고, 자신의 사정도 여의치 않은데 나를 도와주는 우리 아버지께도 너무도 감사했다. 그리고 걱정하면서도 나를 믿어주시는 우리 어머니께도 감사했다. 나는 비로소 너무 소중한 가족들과 함께 생활한다는 것에 감사하는 마음과 축복으로 행복하다.

어쩌면 이 모든 게 다 이루어져가는 과정이라고 생각한다. 그리고 정말로 하나둘씩 이루어져가고 있다. 현재도 이루어지고 있는 과정이니 더 이상 어떤 불안도 두려움도 없다. 나는 그만큼 성장한 것이다. 나는 멘토님이신 김도사님께 더욱 감사하는 마음이 크다. 이분이 계셔서 권마담님, 김이슬 코치님, 정 소장님, 포민정 수석코치님, 김서진 수석코치님을 알게 되었고, 진심 어린 응원과 함께하는 기쁨을 느낄 수 있었고, 자신이 마치 이룬 것처럼 기뻐하고 자신의 모든 것을 주는 열정에 나는 계속해서 배워왔다. 어쩌면 진정으로 선한 영향력을 행사하라는 멋진 배움이 계속해서 진행이 되고 있는 것이다.

나는 비로소 내가 가진 모든 것에 감사함을 느끼고 살 수 있게 되었다. 더 이상 결핍이 아닌 행복과 감사와 축복으로 이루어진 삶에 한 걸음 더 다가가게 된 것이다. 얼마나 멋진 인생을 펼칠 수 있을지 이제는 기대가 된다. 이번에는 어떤 것이 이루어지는지 궁금해지기까지 한다. 나는 시간이 지나면서 매 순간 감사함을 찾으려고 했고, 이제는 어느 순간 내가 인지하지 못하는 순간에도 감사함을 느끼며 산다.

그리고 나는 이제 작가라는 또 다른 직업으로 살아가게 되었다. 이제는 걱정이 아닌 자신감으로, 감사한 마음으로 더욱 똘똘 뭉쳐져 살게 되었다. 이제 매 순간이 감사한 순간이고 기적인 것이다. 배움에는 끝이 없다고 했다. 긍정으로 가는 길 역시 매일이 배움의 순간이다. 나는 기쁘게 이 순간을 맞이하고 있다.

나는 원고를 쓰면서 생각을 했다. 정말 좋은 출판사, 좋은 파트너들을 만나 내 생애 첫 책을 멋지게 만들어보고 싶다고. 그렇게 주문을 하고 설레었다. 그리고 현재 나와 같이 하는 출판사를 만났다. 어쩌면 이 모든 것들이 다 내가 바라고 원하기에 실현이 된 것이다.

　그동안 나를 사랑해주고 누구보다 잘되기를 바라던 아빠, 엄마, 오빠, 우리 똥꼬발랄한 막내 혜식이까지 내 가족들에게 하나밖에 없는 소중한 딸 유진이가 많이 사랑한다고 말하고 싶다.
　나의 멘토님이신 존경하는 김도사님, 권마담님 정말 많이 도와주시고 많이 위해주시고 많이 조언을 해주심에 진심어린 감사를 전한다. 그리고 존경한다.
　나를 사랑해주는 모든 사람들에게 나의 소중한 책을 바친다.

　마지막으로 힘들어하는 전하고 싶은 말이 있다. 지금 힘든 건 결국 자신이 원하는 길을 찾는 과정이고, 잠시 멈추어도 결국에는 정말 간절히 원하면 가고자 하는 길을 가게 될 것이라고 말하고 싶다.

2020년 11월 작가 정유진